中國古代社會新研

李宗侗　著

貴州出版集團
貴州人民出版社

圖書在版編目（CIP）數據

中國古代社會新研 / 李宗侗著 . -- 貴陽 : 貴州人
民出版社 , 2024. 9. -- ISBN 978-7-221-18641-6
Ⅰ . K220.7
中國國家版本館 CIP 數據核字第 2024KM5205 號

中國古代社會新研

李宗侗　著

出 版 人　朱文迅
責任編輯　辜　亞
裝幀設計　采薇閣
責任印製　衆信科技

出版發行　貴州出版集團　貴州人民出版社
地　　址　貴陽市觀山湖區中天會展城會展東路 SOHO 辦公區 A 座
印　　刷　三河市金兆印刷裝訂有限公司
版　　次　2024 年 9 月第 1 版
印　　次　2024 年 9 月第 1 次印刷
開　　本　710 毫米 ×1000 毫米　1/16
印　　張　19.25
字　　數　116 千字
書　　號　ISBN 978-7-221-18641-6
定　　價　88.00 元

出版説明

《近代學術著作叢刊》選取近代學人學術著作共九十種，編例如次：

一、本叢刊遴選之近代學人均屬于晚清民國時期，卒于一九一二年以後，一九七五年之前。

二、本叢刊遴選之近代學術著作涵蓋哲學、語言文字學、文學、史學、政治學、社會學、目録學、藝術學、法學、生物學、建築學、地理學等，在相關學術領域均具有代表性，在學術研究方法上體現了新舊交融的時代特色。

三、本叢刊遴選之近代學術著作的文獻形態包括傳統古籍與現代排印本，爲避免重新排印時出錯，本叢刊據原本原貌影印出版。原書字體字號、排版格式均未作大的改變，原書之序跋、附注皆予保留。

四、本叢刊爲每種著作編排現代目録，保留原書頁碼。

五、少數學術著作原書内容有些許破損之處，编者以不改變版本内容爲前提，稍加修補，難以修復之處保留原貌。

六、原版書中個别錯訛之處，皆照原樣影印，未作修改。

由于叢刊規模較大，不足之處，懇請讀者不吝指正。

中國古代社會新研 目録

中國古代社會新研

李玄伯著

中國古代社會新研

開明書店印行

一九六四年 八月 三 日

中國古代社會新研

民國三十七年九月初版

民國三十八年三月再版

每冊定價一·一〇

著作者　李玄伯

發行者　上海福州路　開明書店　代表人范洗人

印刷者　開明書店

(143 P.) K　研

蔡序

歷史的材料，以有文字而後爲限斷；過此則有資於史前學及考古學。但史前學之所得，又往往零星斷爛，不能爲獨立的說明；乃有資於旁證的民族學。自民族學發展而現在未開化人物質方面與文化方面的種種事實，乃正與開化人有史以前的事實以證明；所以史學的範圍比前擴大了。

吾國號稱有五千年歷史；但較爲明備的，不過二千六百餘年，即自春秋所記魯隱公元年之事以至現在。至於二千六百年以前的史事，大都不易了解；非以史前學考古學之所得爲補充而以民族學之所敍爲比證不可。

李君玄伯夙究心於此；讀法國古朗士之古代希臘羅馬社會而好之，譯成國語，以餉學者。於序文中擬撮舉吾國古代社會狀況以與希臘羅馬對照；而文字綦繁，不能冠於譯本之上；乃別加整理而勒爲中國古代社會新研的專著。專著凡三册，第一册仍爲希臘羅馬古代社會序，分爲家的通論至中國與希臘羅馬古代相同制度表之十章。其第二册及第三册，則爲中國圖騰制度及政權的逐漸集中一問題之詳研；第二册偏於中國曾有圖騰制度之證明；而第三册偏於政權逐漸集中的解釋。承著者以初稿見示，特舉其最精當的各點如左：

一、中國有圖騰制；我們讀說文解字，羌字下有「南方蠻閩从虫，北方狄从犬，東方貉从豸，西方羌从羊，此六種也。」等語，總疑是異族相輕的習氣。讀「天命玄鳥，降而生商」的詩句，強以燕至的季候爲解。著者證明吾國有圖騰制的經歷，上述各條，均易解說：而姓氏與大小宗的由來，均洞悉源流了。

二、中國祀火的事蹟；我們讀論語鑽燧改火的明文，與周官司爟的政令，不過認爲周代的習慣罷了。寒食新火，且以介之推之死爲傅會，著者證明吾國曾有祀火之典，與希臘羅馬印度相同；而且木主的代表，社神的普及，方明的位置，均爲祀火的演變；可謂發千載之覆。

三、中國曾有母系制；我們讀呂覽「知母而不知有父」的記錄，商頌周頌之推原於有娀與姜嫄與姓之从女等等，素認爲可疑。著者以中國曾行母系制釋之，就無可疑了。

四、昭穆的更迭；昭穆之制，不能以孫可爲王父尸，子不可爲父尸之別嫌爲解；而兄終弟及時期，尤滋聚訟。著者以民族學中所屢載之婚級釋之，其義乃明。

五、堯舜的薦賢；堯舜的禪讓，儒者傳爲美談，孟子且以堯薦舜於天，舜薦禹於天緣飾之。著者以非洲民族殺耄君的典禮與埃及塞德典禮相對比，而唐虞往事，遂無復有豔稱的價值。

其他新穎的發見，明通的考訂，足以袪疑惑者尙多；不勝枚舉，舉此五事以介紹於讀者。

中華民國二十八年七月十五日蔡元培

中國古代社會新研初稿序

這是近幾年我所寫中國古代社會研究的兩篇文章，現集爲一編來請教於研究這問題的諸位。我平素對學術研究贊成矜愼態度，不肯輕易發表文字，但這書的提早印行有種理由：書中如主卽火，圖騰卽姓，這些問題尚未爲人提出討論，而圖騰問題的廣汎，不只關於中國古史，且與人類史全體有極重要關係，我覺得實有提出供同志研究的必要，所以將這兩篇提早印出。所用方法雖深信其不錯，所行方向雖亦知其不誤，但其中須補充改正之處尙多，所以名曰初稿，以示不敢作爲定論之意。

希臘羅馬古代社會研究序寫於民國廿四年，內包括獨立的文字十篇，當時雖因譯古朗士書而作序，但目的係用希臘義大利諸古邦的制度與東周列國的組織相比較、觀察，事實等於專篇的研究而非純粹簡單的序。彼時已稍微窺見些圖騰消息，如釋生姓性旌及其他篇內所論者。稍後對這問題研討愈深邃，愈覺其廣汎，遂有中國古代圖騰制度及政權的逐漸集中之寫作。其上篇及下篇之一部分成於民國廿五年，曾求正於友人徐旭生先生。厥後以國難日亟，古史研究之遠於救亡工作也，則又中輟，而專從事於翻譯歐戰聯軍總司令福煦（Foch）上將之軍事回憶錄，藉能借鏡彼邦，助我抗戰。今年始有餘暇再對圖騰問題加以研索，完成下篇，更對上篇增改多處。

方寫希臘羅馬古代社會研究序時，我深感中西古邦制之相同，因而疑中國古民族與亞利安系各族之同源。但現在意見與此略有不同。中西古邦制只係人類進化的相等階段，而不必由於種族之相同。其中只有少些使人懷疑中國古民族與亞利安系各族最古不無相當關係。如父與 Pater 之在語言上、社會上皆相同，已詳於釋主篇中。此外更有火與拉丁文之 Focus。Focus 者，拉丁文所以稱聖火也。中國古音，火當讀近佛，略如法語之 Feu（火），現在廣東陝西語所讀仍如是。Focus 之重音原在 Foc，由 Focus 而變爲火之古音，亦如拉丁語 Focus 之變爲法語之 Feu，失其尾音而已。在古代社會制度上，父及火皆甚重要，而中國古語又與拉丁語對此極相似，雖不能以此證中國古民族與亞利安系各族之同源，但對兩族在史前時代相居鄰接，文化上互有影響，仍不無可信之處，中西交互，似不只始於有史時代矣。

在大宗與小宗篇內曾論及商代兄弟權利平等，當時曾作兩種假設，一種則商代社會尙在長子集權以前，一種則已進入長子集權以後。方寫彼文時，頗傾向後一種。但後愈深研這問題，由各種證據證明商代社會方入於父系者，方實行弟兄共權，政權尙未集中於長支，雖然在末代已有這傾向。反覺第一種假設爲近。所以中國古代圖騰制度及政權的逐漸集中篇內論及弟兄共權時，意見與大宗與小宗篇者不同。這亦應當特別聲明者。

總起來說，這兩篇的主要用意，是在一面用希羅古邦與東周列國的社會相比較，以證明他們屬於人類進化史的同一階段；另一面用圖騰制度的各種遺痕以證明中國史前時代曾有過圖騰社會，再進而與現代初民的圖騰制度相比較，以證明他們亦屬於人類進化史的同另一階段。因爲吾人深知中國有史時代的各種現象皆是史前時代的演變，所以能說宗法社會亦出自圖騰社會。希臘義大利諸古邦既曾有過宗法社會，其前亦當有過圖騰社會，這假設似極近理。有些歐美民族學家所謂亞洲大部份及亞利安系大多數民族皆無圖騰制度，而圖騰制度乃美澳非三洲人的特別產品，因此亦完全非實矣。於是圖騰社會遂變爲大多數人類進化必經之階段。

研究目的如此，這兩篇自然只能達到極微少的一小部份，但我相信方向是不錯的。

民國二十七年七月李玄伯

又

方寫這書時，曾將稿之大部分求正於徐旭生先生，極蒙其鼓勵。既寫成後，更求正於蔡子民世丈及張鳳舉先生，亦深蒙贊賞。子民世丈並爲之作序，鳳舉先生更允爲刊行。斯編之能問世者，皆師友之力，特識之以銘永感不忘。

民國二十八年十二月玄伯再識

此書初刊，方在抗戰，滬渝隔離，雖流佈未周，然至前年早已絕版。讀者不克尋覓，常以爲言。而錢默存先生，當代大師，對之亦有嗜痂之癖，屢慫慂其再刊。更與鄭西諦先生介紹於開明書店，而周予同先生且自爲讎校。良朋益我，感拜無涯，特向諸先生及開明諸君，致其謝意。

民國三十七年六月朔玄伯識

目錄

希臘羅馬古代社會研究序

古朗士(Fustel de Coulange)是法國一位著名歷史家。他的研究方法，簡實確實，文章亦能删除陳言，明瞭易解。他是史學界所謂古朗士學派的創始人。他的著作，除若干篇歷史研究外，法蘭西古代政治制度史及希臘羅馬古代社會研究，皆是極有名的著作。後一書原名古邦(Cité Antique)，在世界大戰前版本上，古邦二字之下注有「希臘羅馬古代社會研究」小字。茲爲容易明瞭起見，採用他作譯本的名稱。這部書在全世界常爲研究古代希羅學者所引用，在法國爲中學生所共習，成爲參考必需的書。在古朗士以前，歐人對於希羅古代常多誤解，因此常想將古代制度復興於當世。這亦如我國讀書人誤信堯舜的揖讓雍容，誤解周代制度，每想復行古制一樣。古朗士始說明古代制度，皆生自當時的社會。古代社會既不能復活，由古代社會而生的制度，當然亦不能復興。並且古代所謂民政，所謂自由，皆有彼時的解釋，其事實亦與現代所謂民政，所謂自由不相似。若只看字面，就想將他搬到現在，不但不能實現，並且害及現代眞正的民政及自由。總括起來說一句話，可以說古朗士始將希羅古代的眞相還給希羅。

我從民國十三年間，就相信研究中國古代歷史，須多用古器物爲證明，可以說是考古學方法（見解決古史的唯一方法，現代評論及古史辯第一册）。近來賴友人傅孟眞李濟之徐旭生董彥堂諸先生的努力發掘，考古學給古史的成績斐然可觀，使我這搖旗吶喊的小卒旣非常欽佩，亦非常慚愧自己的毫無貢獻。但近幾年來，我覺着另外有兩種方法，亦應同時並用，或者對古史的貢獻更能增加。這兩種方法，一種是社會學的方法，一種是比較古史學的方法。社會學雖是一種比較新創的科學，但對現代原始社會的觀察，已經頗有可觀。人類種族雖有不同，進化的途徑似乎並不殊異。現代原始社會不過人類在進化大路上步行稍落後者。他們現在所達到進化大路的地段，就是我們步行稍前的民族的祖先，在若干千萬年前，亦曾經過的地段。我們研究他們的現在史，頗可說明我們的古代史。現在歐美學者，對澳洲、美洲土著人的研究，已能使我們利用他，對我國古史有所說明（見下邊釋生姓性旌及其他篇）。我國廣東廣西雲南貴州四川湖南各省皆有苗傜侗僮倮儸各種人。若有人能親身到以上各省，做一種切實的研究，於古史有裨益，自然更應當有成績，一面更能多解決古史上若干問題，一面對原始社會研究全體可以有貢獻，對此亦極盼國內學者的努力。

另一種是比較古史學的方法。人類制度愈進化愈繁複，愈古愈簡單亦愈相似。所以研究近代史用比較方法難，研究古代史用比較方法易。譬如埃及古代有象形文字，巴比倫古代有楔形文字，與我國古代象形文字何者相同，何者互異，皆應當有切實的研究比較。以至於各種典章制度莫不皆然。如是不只對我國古史可以有所說明，或者亦可對東西民族、東西文化同源異源的問題有所解決。觀序中後邊所論列，當可知這種比較方法的成功。

希臘紀年的確實時代始自第一次歐靈庇亞節，即紀元前七七六年，較西周共和元年爲後。羅馬建城相傳在紀元前七五四年。這些皆在西周東周之交。但希臘及義大利各處的邦制皆更遠古。雅典末王荀德魯斯（Codrus）相傳在紀元前十一世紀，約在西周成康之際，雅典王政自然更前於此。

古朗士所欲研究者，起自紀元前十五世紀，乃至二十世紀。是爲古代邦制度初創時代。自然那時的事，無從考究眞確年月，只能忖度約略的時代。厥後邦制度愈爲興盛。至紀元前四五世紀時，已漸衰微。至紀元前後，經思想的變遷，經羅馬的殘毀，遂漸漸滅。再加以基督教的發展，遂更使古邦制度無蹤可尋。古朗士的研究亦終止於彼時。

古朗士是一位極愼重的考證歷史家，對書中所引古書莫不注明原書篇章號數。我現在把這些注皆删去，只將引用符號「」仍舊留存，表示這是引用古著作原句而非綜括的字句。我以爲要想檢閱古代著作原書者，必已通曉希臘文或拉丁文，亦必至少能讀英法德文中的一種。那麽，自有帶注的法文原書或英德文的譯本可供翻閱。我說明這點以免讀者疑心古朗士所說皆無出處，其實恰與相反。

至於神名、地名、人名，原書並未注明。這皆是歐人攻古代史者所深習，故亦無這種必要。但在我國，我覺着應當注出，以免讀者研究費力。並且在人的時代上，可以看出制度變遷的遲早。所以我對古人生卒年，凡可能者莫不注出。凡人名後括弧中，前者係生年，後者係卒年。凡注明紀元前者係在紀元前，否則在紀元後。凡生卒年不能確知者，則寫明約在何年。書中所引人名，有只見於古代某書一次，無法詳細知道他的其他故事者，亦如長沮之只見於論語一樣。如是者則無從更注，故亦從略。書後附有注的索隱，以便使讀者檢閱。

這篇序的目的，在研究希羅與中國古代制度的相同。其中最重要的莫過「祀火」典禮。兩三千年以來從未被學者說到的謎，居然被我發現，解釋清楚。其餘各種制度，同似的亦甚多，茲將篇幅較長者列成專篇（三至八），其餘皆總述在家的通論及邦的通論兩篇內。家及邦的詳細情形，皆見書中各卷，不必再贅敘。這兩篇內，不過希羅與中國古代家及邦相同各節而已。

一　家的通論

祀祖制度的起始，當然極為古遠。杜爾幹（Durkheim）謂較進化的原始社會不說人民出自圖騰，而說出自代表圖騰的始祖。始祖與圖騰，實在還是一個。由此可見祀祖不過祀圖騰的接續。希羅古代祀祖以火為代表。這種制度在我國極古時代亦曾有，「主」字及各種典禮皆可證明。釋主篇專說他，現在不贅。

由祭祀而生出主持祭祀人的重要。這個家長，在希臘文、拉丁文、印度文皆稱為Pater，三種文字相同，足證這個字是亞利安民族最早的字，在希羅人、印度人未離中央亞細亞以前，久已通用。他的古老想必亦如「祀火」典禮。我國古代「父」字，亦用以稱呼家長。所以說文解字又部說：父，家長率教者。太公望亦稱尚父，就因為他是族長。春秋時宋尙有樂父、皇父、華父、孔父，皆是族長；孔父的世系尤足爲證。宋厲公弟弗父何生宋父周，周生世子勝，勝生正考父，正考父生孔父嘉。除世子勝外皆稱父，可見族長稱父乃當時的通俗，並不限於宗的始祖。世子勝不稱父，因爲他卒在他的父親以前，尙未代宋父爲家長也。古無輕脣音，且魚虞模同韻，父字音亦與 Pater 的首音相同。父字金文中多作，表示手奉火之形，尤能說明家長祀火的職位。在希羅印中古代的家長皆稱「父」，亦是一件極可注意的事。我疑心父同 Pater 就是一個字。我久已疑心中國最古語並非單音。後來第一步變化，輕音漸漸失落，重音仍舊保存。於是變成現在廣東話的樣子，重音後間或仍留尾音。第二步變化，尾音亦失落，再變爲普通話，這就是外國人所名爲單音者。一種語言變作旁的一種語言時，輕音或多或少的失落是一種普通現象，拉丁文變法文就是一個例。Pater 的重音「爸」，在父字裏保存，輕音失落，亦與我所假設相合。這種假設並不妨礙象形文字。象形文字既是繪畫，畫一物不必一定用單音名叫。並且埃及的象形文字亦不是單音。但因此就能說中國古代語與亞利安古代語是同源麼？當然不能以一個字的孤證下斷語。不過觀下文各篇所說希羅古代制度與中國古代的那般多的相同，實在使人對同源說有些相信。

祖先不受外人的祭享。這種意見希臘拉丁文古代著作中常常提及。左傳僖十年，申生欲以晉畀秦，說秦將祀他。狐突對他說：「臣聞之，神不歆非類，民不祀非族，君祀無乃殄乎！」可見外人祭神，等於不祭。僖卅一年衞成公「命祀相。甯武子不可，曰：鬼神非其族類，不歆其祀。」凡此皆與西方思想相同。至孔子時，這種思想雖較衰，但孔子亦說：「非其鬼而祭之，諂也。」（論語）

中西古代皆有葬禮。古朗士以爲葬禮之興，必始自相信人死後魂體不分散的時候。雖然這種信仰，後漸有改變，但葬禮行之已久，禮節仍舊保存。希羅葬禮細目，現在已經不很清楚，只知道用器具僕婢等爲殉，這亦與我國古禮相似。並且葬後應呼名字三次，這亦與古禮之「復」相似。

家的人口漸漸的增加，於是不能不分成若干小團體。各小團體總起來在希羅名爲演司(Gens)，實在就是我國所謂同姓。全演司人共有一姓。其餘每個小團體——每支——在共有的姓外，各另有一姓以示區別。拉丁文名曰 agnomen ，亦即我國所謂氏。可見氏族的組織，希羅與我國古代亦同。族姓的說明見大宗與小宗篇。

演司有他的首領，有公共產業，有公共墓田。這些亦與我國古代族相同。

必須家族永遠不斷，祀祖方能永遠不絕。故婚禮在希羅、在中國皆認爲極重要。希羅的婚禮皆分爲三節：第一節在女家，女父聲明嫁其女；第二節從女家至夫家途中；第三節在夫家。第一二節亦與士婚禮中親迎相同。希羅車前有「婚燭」爲導，士婚禮亦言「執燭前馬」。第三節在夫家，希羅制度皆須見祖先，然後婦人及夫方有共同宗教。這節在祀祖及各家有各家的家族宗教思想裏，甚爲重要，婚禮的神髓亦即在此。士婚禮並未言廟見，但我相信古代亦曾有此禮。左傳隱八年，鄭公子忽娶於陳，「先配而後祖。鍼子曰：是不爲夫婦，誣其祖矣。非禮也，何以能育！」可見應當先祖而後配，所以陳鍼譏之。

婚姻的目的在求得嗣續的人。古朗士說，結婚是由兩個共同宗教的人結合起來，以產生一個第三者，以永傳其宗教（卷二，第二章）。所以希羅古制度，無男子之婦必須離婚。我國古制，婦有七去之中亦有「無子去」一條（大戴禮本命篇）。希羅並且禁止男子終身不娶。我國古書中雖然看不出曾否有過這種制度，但在春秋時，至少貴族裏未見有不娶的獨身男子。並且直至現代，士大夫階級中，只見有多娶者，未見有不娶者。希羅古制至基督教發展而完全消滅。我國古制未受摧毀，直至清末，可以說仍是古制的延演。在清末家族思想已較衰微時尚且如此，古代家族方盛時可想而知了。

在希羅古代，女子與男子的權利不同，地位不同，（古朗士對此不憚反覆申言。歐洲人早已離開家族制度，對這些不甚了解。但我國不久始在法律上承認男女地位權利的平等，不必再詳細敍說。）因此婦人成了附屬，印度人說：「婦人童年從父，少年從夫，夫死從子。」這與大戴禮本命篇所說：「無專制之義，有三從之道，在家從父，適人從夫，夫死從子，無所敢自遂也。」簡直是一部書的兩種版，字體不同而已。

反過來，對男子非常重視。希羅、印度古時，小兒初生後若干日皆須見於家神。由人抱着，繞家火行三周，並由他的父親在族人前宣布承認是他的兒子。這亦與我國古禮彷彿。左傳桓六年：

子同生，以太子生之禮舉之：接以太牢，卜士負之，士妻食之，公與文姜宗婦命之。

內則：

國君世子生，告於君，接以太牢，宰掌具。三日，卜士負之。

下邊又講各級接子所用牲的種類，則生子禮不限於世子。內則自然是七十子以後的書，固然不能完全相信，但生子禮在我國古代亦有，似乎不甚假。

但古代男子之中，亦不甚平等。長子繼承宗祀，故較餘子皆高。希羅古代對此與我國亦同。古書中講嫡長特權的地方甚多，大家皆知，不必我再引證。希羅餘子分自長支而獨立，亦在晚期始有。

希羅這個長子甚爲重要，印度人亦說長子爲繼承宗祀而生者，餘子不過愛情的結果。並且希羅人在某種祭祀，非有子助祭不可，無子的人常臨時過繼旁人的兒子一天，以應這種職務。我疑心我國古代亦須長子助祭。兄字甲骨文作□，從人跪形，卽表示長子之助祭。長子旣然先生，後乃漸引申爲男子先生者之普通名稱，不再專指長子。這種引申意亦必與餘支取得長支平等權同時。祝亦從兄，古時祭時或者由長子讀贊詞。元字，說文解字訓始也，與兄之訓長也亦相近。金文有作□者（邾公華鐘），亦人跪形。召誥兩稱元子：「改厥元子」及「有王雖小，元子哉」，皆指成王係上帝的長子。則元字亦表示元子的助祭。

羅馬亦有如我國冠禮之成年禮。羅馬人不戴冠，自然不能行冠禮，但他的袍禮亦與冠禮同。兒童穿上袍（Toga）始算成年。穿袍必須行特別的禮節。

希羅最古時，父在子不能有財產，亦與曲禮所說：「父母存，不有私財」相同。

各家垣牆，不得相連接。並有「垣神」管理。中國古代宮室制度，亦與相同，其詳見釋主篇。

二　邦的通論

周自武王滅殷，周公成王踐奄以後，無數互相不同的古邦遂被制度較劃一的各國所代。周代的各國只是古邦的蛻化。在周以前，邦的數目當比較更多。史記說黃帝時置左右監，監於萬國；禹會諸侯於塗山，執玉帛者萬國；武王伐紂，不期而會者諸侯八百。這些記載固然不一定可靠，但古代邦數之多，卻是眞確。這種邦的境域甚小，方是最初的古邦，方是古朗士書中所講的希羅的古邦。

邦係由族長聯合組織而成。邦之上有王。這個王雖能執行邦的事務，但要事皆須咨詢各族長。並且各族長在他的族裏，仍有無上威權，王亦不能過問族內部的事。邦內有若干公民。Citoyen（公民）這個字，出自Civitas。我既譯Civitas做邦，Citoyen亦宜譯做邦民。但近人對這個字多譯做公民，茲亦從衆。我疑心邦民即左傳中所謂「國人」。據古朗士的研究，最初只有家長可以做公民，其餘如各族的餘子尙不能做。至於客人、奴隸，乃各族的私人，自然更不數在邦內。關於客人等階級詳古代社會階級篇。

古代邦的特殊性質，就是這一邦與彼一邦毫無共同。一邦的宗教、典禮、法律，皆他所自有。各邦的紀年不同，每邦以始建之年紀年。每邦各自有他的史記、禮記。每邦自有其疆域。古人對疆界信爲有神性，無論私人田產的、或邦的皆然。私人田產的四週，皆栽有界石。栽界石亦是極重要典禮。據富拉古斯(Flacus)的記載，先將界上掘一條溝，然後祭祀，以牲犧的血、食品及酒傾在溝裏；更以燃着的木炭置在溝裏。乘着熱的時候，將界石栽在溝中。界石係石製或係木製。古朗士疑心木炭係燃自祖火者，亦頗近理。因此這種界石乃亦有神性。對鄰居的田界，萬不可侵犯，否則等於瀆神。按封字康侯封鼎作丰，邦字亦從此。古時邦、丰蓋一個字，皆表示栽界石於地之形。

王的職務，亦卽邦的政治，可以分爲二種，一種是祭祀，一種是戰爭。左傳成十三年，劉康公謂「國之大事，在祀與戎」。實在古邦的政治不過如此。玆分別言之。

王有護持邦火不滅的職責，他須朝夕祭祀，並時常與族長共同在神前聚餐，名爲公餐。這種公餐卽我國分胙肉的舊形式。祭器及祭品，亦隨各邦自己的禮儀而不同，但各邦的皆一成不變，不許稍有改革。羅馬祭祀有時用牛羊豕各一，亦與我國的太牢相同。

有時用純白牛，與我國古代祭祀用純牲亦相同。且有時用牲至百牛，亦同甲骨文所記商代制度。有種祭祀須用陶器。蓋陶器起自新石器時代，較銅器早。古人重保守，用陶器嘗較用銅器更合古禮。郊特牲謂郊「器用陶匏」，又謂婚禮「器用陶匏」、足證郊禮婚禮皆始自新石器時代，創行時方用陶器，尚未用銅器。後人相沿，雖銅器時代亦尚用陶器也。由此更可知銅器初興時，只用作兵器（矢戈等）及食器，祭器尚沿用陶器，用銅作祭器較晚。

王的另一種職務在戰爭。古代皆騎戰，步兵之創始較晚，希羅與中國對此點亦相同。現在萬不可用後世軍隊狀況想像邦軍。每族族長各將其屬下組成軍隊，由他自己帥領。聯合各族軍隊就成邦軍。王不過是邦軍的統帥，邦軍並不直接屬於他，只由各族長間接方屬於他。

出征時必先祭禱、占卜。這就是左傳所說的「治兵於廟」及「受命於廟」，受脤於社」，及「卜征」某處。出征時必載着邦火或神像。這亦就是曾子問所說「古者師行必以遷廟主行」。到開戰時，亦先行祭祀、占卜，不吉則不開戰。左傳成十六年晉楚鄢陵之戰，楚子重使伯州犁立在楚王背後，隨時告訴晉軍中的狀況：「王曰：騁而左右何也？曰：召軍吏也。皆聚於中軍矣。曰：合謀也。張幕矣。曰：虔卜於先君也。撤幕矣。曰：將發令也。甚囂且塵上矣。曰：將塞井夷竈而爲行也。皆乘矣；左右執兵而下矣。曰：聽誓也。戰乎？曰：未可知也。乘而左右皆下矣。曰：戰禱也。」伯州犂以晉人而奔楚，對晉人禮俗自然知道得甚清楚。可見每次戰前須「虔卜於先君」，須「戰禱」。凡此亦與希羅古代相同。左傳足證戰前占卜之處尚多，惟此節述說次序最詳，引此以概其餘。

戰事完了亦必告祭邦神。希羅皆有凱旋的禮節。左傳隱五年，臧僖伯說：

入而振旅，歸而飲至，以數軍實。

城濮戰役，晉亦「振旅愷以入於晉，獻俘，授馘，飲至，大賞。」（僖廿八年）此外，齊滅萊，晉滅偪陽，亦各獻俘，皆是凱旋禮。這亦是春秋時尚通行的禮節。凱旋希羅皆有樂歌。說文解字豈部：豈，還師振旅樂也。則古代凱旋亦有樂。

邦與邦之間亦常有聯盟。盟時須祭祀，禱告誓於神。春秋盟誓常見，每次皆須「歃用牲」（襄廿六年）、「加書」（昭元年）。用牲就是祭禱。加書的載書就是誓辭。茲且引亳盟的載書，以例其餘：

載書曰：凡我同盟，毋薀年，毋壅利，毋保姦，毋留慝，救災患，恤禍亂，同好惡，獎王室。或間茲命，司愼、司盟、名山、名川、羣神、羣祀、先王、先公、七姓十二國之祖，明神殛之，俾失其民，隊命亡氏，踣其國家。（左傳襄十一年）

由此可見古代邦的一切皆受宗教的支配。祭固然是宗教，戎亦受宗教管理。

三 釋主

在極古時代，希臘、義大利及印度皆曾有「火」的崇祀。每家在他的裏院或屋門旁，皆有永燃不熄的火。這種火多用炭或煤燃燒。家人每天早晚必祭祀他，在飯前亦必祭告。不只各家如此，卽每個演司（每族）、每區、每邦，亦莫不有「火」的祭祀。據歐西學者的研究，家火當卽代表祖先，因古人言語中，祖先與家火，常常互相混用，演司火似乎就是代表始祖。因爲相隔極遠的地方，東至印度，西至地中海，皆有同類禮節，遂使吾人相信禮節的創始，必在希臘、義大利、印度人以前。大約在亞利安族希臘、義大利、印度各族的共祖——尙未離開中央亞細亞以前，這種禮節已經存在。厥後亞利安各族遷徙至各處時，乃將這種習俗帶至各地。

據現存的希臘、拉丁、印度各書中，尙能略知這種禮節的一二細目。但這些書皆較「祀火」的極盛時代爲晚近，故只能略知其禮節，而無法深知（詳細見古朗士書各卷）。然就現在可以知道的，與我國古制相較，頗有能吻合者。本篇所欲研究者，亦卽在此。

我國所用以代表祖先，而受祭享者，習慣皆用木製的牌位：「主」。按說文丶部：「主，燈中火炷也。」主明明是燈中火炷，而偏用他叫木頭做的牌位，這是何種理由？蓋我國極古亦曾有「祀火」的制度，用火以代表祖先，與希臘、羅馬、印度等處相同，因爲是火焰，故名爲主。後不知在何時，有人製木主以代火。但主這個名稱已用過不知幾千年，習慣已久，故相仍而不改。於是木質的牌位亦名爲主矣。

木主的制度，在我國起自何時，現在頗難臆斷。論語八佾篇「哀公問社於宰我，宰我對曰：夏后氏以松，殷人以柏，周人以栗。」問社，正義謂魯論原作問主。卽問社亦以鄭康成解作問社主爲長。宰我所言古制若果確實，則木主之制，似已起自夏時。「祀火」的制度，更在夏以前矣。淮南齊俗訓有有虞氏社用土，夏后氏社用松，殷人社用石，周人社用栗之說，更上推至有虞。但淮南漢人書，更不敢相信。

不論如何，從文字上觀察，我國在木主以前，曾祀火則確切也。不只如此，希臘、義大利等處祀火細節以及祀火的位置，與我國古制亦甚相合。希羅每家所祀的火，每年須止熄一次，重燃新火。燃新火的月日，各家不同，各邦不同。燃時不准用鐵石相敲，如我國鄉間的用火鏈取火，只准取太陽火，或兩木相摩擦所生的火。木質亦有限制，有准用的木頭，有不准用的木頭，錯用認爲瀆神。這些細節，亦與我國古制相同。每年重燃新火，卽我國古代所謂「改火」。論語陽貨篇，宰我說：「鑽燧改火。」上邊兩句說「舊穀既沒，新穀既升」，下邊又說「期可已矣」，這明明說鑽燧改火亦是每年的。因爲改火，新者不與舊者相見，所以中須停若干時候（當然不能出一天）。這停火的時間與改火的時間，各家各邦不一定相同，其中之一卽寒食的起因。

介子推，左傳只說晉文公求之不獲。及至楚辭九章始有「介子忠而立枯兮，文公寤而追求」。莊子盜跖篇始說：「介子推至忠也，自割其股，以食文公。文公後背之，子推怒而去，抱木燔而死。」可見子推被焚之說起始甚晚。後人對寒食之說，去古已遠，不能了解，遂附會到介子推身上。其實改火、寒食的制度，較古不知若干年也。

不只改火的制度，希羅與中國相同，卽燃火的方法亦同。前邊說過，取火只准用太陽火，或兩木相摩生的火，且木質亦須用合禮的。按周禮司烜氏掌以夫遂取明火於日。

鄭康成注：夫遂，陽遂也。以夫遂取火於日，卽以銅凹鏡向太陽以引火。這不與希羅的取太陽火相同麽？周禮這部書，當然非周公所制，並且決非西周的書。觀其中有整齊劃一各國的思想，如甸衞等整齊的規畫，祿制的統一等等，當係厭惡戰國的割據而理想統一的時代所作，其時代當在戰國。但有些條裏間或保存着古制度。這是著者或抄自古書，或傳自習俗，不自覺的寫上的。我以爲明火就是其中的一條。至於以木取火，馬融注論語改火亦說：「周書月令有更火之文：春取楡柳之火，夏取棗杏之火，季夏取桑柘之火，秋取柞楢之火，冬取槐檀之火。」鄭康成注周禮司爟引鄭司農以鄹子說，與此同。由此可見取火的木質須用一種固定的、合禮的，亦與希羅風俗相同。並且摩取的方法亦同。鑽燧的解釋，漢儒已經不甚明瞭，惟周柄中所引揭子宣說，頗爲近理，茲抄錄如下：

> 鑽燧之法，書傳不載。揭子宣璇璣遺述云：如楡則取心一段爲鑽，柳則取心方尺爲盤，中鑿眼。鑽頭大，旁開寸許，用繩力牽如車。鑽則火星飛爆出竅，薄煤成火矣。此卽莊子所謂木與木相摩則燃者。古人鑽燧之法，意亦如此。（周柄中典故辯正）

蓋每季兩種木，正一種做鑽，一種做盤。上邊已經說過，各家各邦的改火時候並不一定相同，所以有五季取火用木的不同。如改火在春間者則用榆柳，改火在夏者則用棗杏。其餘各季各有用木，並非每季改火也。後人不懂改火與祀祖有關，見有春用何木、夏用何木之說，遂以爲四時改火。故編周禮者，遂在司爟職掌中，寫上：四時變國火。不知月令說「五季」者，當如上邊的解釋，而非四時變火。

與明火有關者，尙有明水。逸周書克殷解：「毛叔鄭奉明水。」彼時武王方祭社，明水當然亦與禮有關。周禮司烜氏：「以鑒取明水於月。」鄭注：鑒，鏡屬，取水者，世謂之方諸。說文金部：「鑑，大盆也，一曰鑑諸，可以取明水於月。」以鑑盛水，固然不錯，但兩君皆未說怎麼樣取明水於月。高誘注淮南子天文訓：「方諸見月則津而爲水」，與前說又不同。他說：方諸，陰燧，大蛤也。熟摩令熱，月盛時，以向月下，則水生。以銅盤受之，下水數滴。高說甚怪，但我亦不敢輕信古人所謂明水准像他所說的那樣曲折。編周禮的人，大約已不知明水爲何物，以爲明火既取自日，明水當亦取自月。但我想明水的解釋並不如此。現在我們禮失而求諸「夷」罷。希羅古代皆有一種洗水，重要幾與他們敬祀的火相等。古代書中常提起「火及水」。火就是家火、邦火，水就是洗水。因爲祓洗禮中用他，所以我譯做「洗水」。取洗水的方法，是用祭臺上火所燃着的炭，浸入水中。因爲炭有神性，故水亦有神性。我以爲古代所謂明水，取法與此相同，明火所以燃祭臺上的火，明水乃浸入炭的水。因有神性，故曰明；明者，神明的意思。

因爲邦中亦有祀火，邦火亦就是邦的代表。古時滅人國者，必「毀其宗廟」，毀他的邦火，所以滅人國曰「滅」，與滅火相似。若非古時有「祀火」的制度，這個滅字就無法解釋了。

古時祀火由家長，家長卽父。春秋時宋尙有孔父、華父，皆是家長的稱謂。說文解字謂父从又擧杖，我以爲實在从又奉火。金文皆作，尤顯火（）的形狀。王：金文作，（盂鼎，格仲尊）吳大澂釋爲古火字。王从火，卽因古代王亦祀火的教士。

由火而說到與火有關的祭肉。希羅古代祭祀，必燔肉於祭臺上的火，祭後大家分食，以取因人神相感而人人相感的意思。若拒絕一個人加入團體時，可以燔肉不分給他吃，卽表示不與他共事神。因此分食燔肉，尙有友誼的表示。希羅如此，再返觀我國古代。據各書所記載，古代祭肉有兩種名稱：一種叫做脤，一種叫做膰。左傳成十三年：

公及諸侯朝王。遂從劉康公、成肅公，會晉侯伐秦。成子受脤於社，不敬。劉子曰：國之大事，在祀與戎。祀有執膰，戎有受脤，神之大節也。

閔二年：

梁餘子養曰：帥師者受命於廟，受脤於社。

國語卷十一，晉語：

（張侯曰：）受命於廟，受脤於社。

據此則祭宗廟的肉曰膰，祭社的肉曰脤。祭宗廟的肉亦曰胙。左傳僖九年：

王使宰孔賜齊侯胙，曰：天子有事于文武，使孔賜伯舅胙。

既曰有事於文武，當然是祭宗廟，故胙卽是膰。歸胙當是分食膰肉的變通辦法，亦是共與神相感的意思。同祭則分肉，不同祭則送肉，用意相同。春秋定十四年尚有「天王使石尚來歸脤」。左傳尚有「太子（申生）祭於曲沃，歸胙於公」（僖四年）及子產所說：「孔張爲嗣大夫，喪祭有職，受脤歸脤。」（昭十六年）「進胙者莫不謗令尹。」（昭廿七年）可見古代凡祭必分送肉，君祭則賜胙歸脤，臣祭則歸胙歸脤。而論語亦說：

朋友之饋，雖車馬，非祭肉，不拜。（鄉黨）

由這條可見朋友亦互相送祭肉，並且足證對送祭肉的重視。古人在物質上，非常重視馬。公子重耳在齊，「有馬二十乘，公子安之」，就不想走。送禮亦常送馬，足見對於馬的重視。但不拜饋車馬，而拜饋祭肉，分肉習俗之來自遠古而深爲人所重視可知。魯祭膰俎不至，孔子行。有人說孔子以小事爲借口，實在膰俎不至，卽非友誼的意思，故甚重視，非小事也。

說文有祳無脤，有胙無祚，膰則作燔：

祳，社肉盛之以蜃，故謂之祳。天子所以親遺同姓。从示，辰聲。（示部）

胙，祭福肉也，从肉，乍聲。（肉部）

燔，宗廟火熟肉，天子所以饋同姓。从炙，番聲。（炙部）

其實祳與脤，胙與祚，膰與燔，仍皆相同。說天子所以以親遺同姓，饋同姓，亦不錯。最初分肉只能在同姓人內，或同邦人內。但周初大事封建以後，幾乎將各邦皆變成同姓，或變成親戚，界限擴充無限，所以分肉亦不只限於同姓。上邊賜齊侯胙以外，宋對周亦「天子有事膰焉」。（僖二十四年）齊宋在周皆異姓，而孔子於魯亦異姓，足證歸胙之禮在東周時已由同姓而擴充至異姓。

在文字上從祭肉亦引出兩個字。一個是祚字。左傳載踐土之盟的要言說：

皆獎王室，無相害也。有渝此盟，明神殛之，俾隊其師，無克祚國，及其玄孫，無有老幼。

（僖廿八年）

國語卷三，周語：

皇天嘉之，胙（禹）以天下。……胙四岳國，命爲侯伯。

做天子，做侯伯皆曰祚國，就因爲祭祀必有胙肉，能祭祀就能保有國家。祚國實在同享國一樣，享亦祭祀也。

段玉裁說，祚皆係胙之誤。上古祚胙實在是一個字，對這個問題，這裏不必討論。

另一個是宥字。左傳莊十八年：

虢公、晉侯朝王，王饗醴，命之宥。皆賜玉五瑴，馬三匹。

又僖廿五年：

晉侯朝王，王饗醴，命之宥。

又僖廿八年：

晉侯獻楚俘於王，王饗醴，命晉侯宥。

又國語卷十，晉語：

王饗醴，命公胙侑。（此與左傳記同年的事）

韋昭杜預皆解侑為既食以束帛侑助。王引之始解侑為與王相酬酢。王國維從其說，更引鄂侯馭方鼎為證。鼎有「馭方王」，王謂即宥侑二字，亦即說文友之古文的本字。（見觀堂別集補遺，釋宥）我以宥就是祭後分祭肉，所以國語說命公胙侑。胙侑連文，尤為明瞭。有當是宥、侑最初的字。金文中皆从手（又）執肉。說文解字說他从月又聲，實在不對。我以為享是古代一種極隆重的請客禮。先祭神後與客分食神餘。因為享是祭神，所以這種禮亦曰享。祭後同分食祭肉，或者亦同飲祭酒，就是宥。若不同祭祀，祭後送肉至家者，則曰歸胙，因參加祭祀或否而名稱不同。因為同食祭肉，與神共感，故亦稱其人曰友，即朋友字的起因。

將亦是祭祀的一種，將帥實在亦是引申之義。說文解字寸部，以為从寸，醬省聲，實在不對。將當然是手（寸）獻肉（）的象形，與祭同意。爿是放肉的俎形。我再引幾句毛詩為證：

殷士膚敏，祼將於京。厥作祼將，常服黼冔。（文王）

毛訓將爲行。鄭君注周禮小宰，亦以祼將爲祼送，並謂祼送卽送祼。鄭之訓送與毛之訓行似乎同意。若將眞訓送，作詩的人應當說將祼，不應說祼將。我以爲祼將是一種祭名。分言則曰祼曰將，合言則曰祼將。殷士祼將於京，正與左傳僖二十四年所說「天子有事膰焉」相合。宋人正是接續殷士的職務。

因爲古代主祭的人，卽戰爭統帥軍隊的人，所以叫統帥的人爲「將」，因爲主持「將」祭的亦是他。這亦與王之从火同意。

我因爲懷疑將是祭名，我就在古書中尋找將字的注解，居然在我將的毛傳找到這字的古訓，與我的假設暗合。

我將我享，維羊維牛，維天其右之。（我將）毛傳：將，大享獻也。

在毛詩幾十個將字的傳裏，只有這一處如此解釋。這種解釋，必較毛公遠古得多，漢儒對他已經不能明白。所以毛傳對祼將兩字已經不用這種解釋，並且鄭箋將「我將」亦解釋爲「將猶奉也」。

此外楚茨：或剝或亨，或肆或將。毛傳：將，齊也。將與亨並列，自然亦是祭祀。

長發：有娀方將，帝立子生商。毛傳：將，大也。我以爲方將亦宜解作方祭方合。方將卽簡狄「祈於郊禖」也。那及烈祖皆有「顧予烝嘗，湯孫之將」。毛傳謂「將猶扶助也」。其實亦宜解作湯孫的祭獻。

因爲祭所以引申爲獻。楚茨及旣醉的「爾殽旣將」皆作「你的殽旣獻」解。

希羅古代尚有一種公民代表，名曰「伴食」，專代表公民在邦火旁舉行公餐，先祭然後分食。後來這種人變作固定職務的官吏。按我國有三個字，在金文上皆相同。一個是饗，一個是鄉，一個是卿。說文解字食部，饗：鄉人飲酒也。鄉人飲酒就是希羅的公餐。金文[illegible]象二人共食之形。因爲共祭共食的人必共處一區，故亦名其區爲鄉。伴食是次於邦君的官吏。他們共祭共食，或者與邦君共祭共食，因名爲卿。這就是後來高貴的卿士的由來。可見統軍的將，執政的卿，起初皆是掌祭的教士。

方希羅祀火漸衰時，火變成一座獨立神，名爲惟士達 Vesda。惟士達實在是祭臺的名字，由公名變爲專名。但在祭其他各神時，必先祭惟士達。印度人亦說，無論何種祭祀時，必先祭阿耆尼，阿耆尼卽印度人的火。按周禮司爟，「凡祭祀則祭爟。」其說亦

四〇

與希羅印度祭祀先祭惟士達或阿耆尼相同。但關於祭爟之禮，漢儒已說不淸楚。鄭康成亦只說禮如祭爨。以後諸家注疏，因爲已經不明白「主」及「爟」皆出自古代祀火，更不能解說明白。

希羅又說祭神的禱告皆由惟士達攜帶着上達於神。此說又與我國民間竈王上天報告每家的善惡相似。固然無從知道民間這種傳說起自何時，但民間傳說時常有甚遠的起源，則似乎有理。說祭竈、祭爨，亦如祭爟之出自古代祀火，大約不至於去眞實太遠。

古代房屋的建築，亦與祀火有密切的關係。希臘人房屋的建築據說傳自神。房屋皆建在垣內。希臘人的習慣，分垣內地爲相等二段，前段爲院落，後段爲房屋。火就在院落的底，進屋門的左近，等於在垣內正中間。羅馬人的火亦供在垣內正中間。不過他們的房屋蓋在火的四圍。房屋中間有一個院落，供着火。

羅馬房屋蓋在火的四圍，與古代宮室制度亦相同。古代宮室制度，聚訟紛紜，但我以爲王國維所說的最得眞相。茲引王氏明堂廟寢通考如下：

> 四阿者，四棟也。爲四棟之屋，使其堂各向東西南北於外，則四堂後之四室，亦自向東西南北而湊於中庭矣。此置室最近之法，最利於用，而亦足以爲觀美。明堂、辟雍、宗廟、大小

寢之制，皆不外由此而擴大之緣飾之者也。（觀堂集林卷三）

王氏此說，卓識遠過漢唐諸儒，與羅馬古建築亦若合符節。王氏又說：

> 四堂四室兩兩對峙，則其中有廣庭焉。庭之形正方，其廣袤實與一堂之廣相等。左氏傳所謂埋璧於太室之庭，史記封禪書載申公之言曰：黃帝接萬靈明庭，蓋均謂此庭也。此庭之上有圜屋以覆之，故謂之太室。太室者，以居四室之中，又比四室絕大，故得此名。……又謂之世室。

太室、世室就是古代「祀火」的地方。羅馬人所謂環以建房，即環太室以建四堂四室。太室上有頂，但頂高過四面各屋，所以名明堂、重屋。（周曰明堂，殷曰重屋，夏曰世室，考工記文）火畏風雨，當然應有頂。羅馬記載中雖未說到這一節，似乎亦應當有。

王氏又用卜辭及克鐘、頌鼎、寰盤、望敦等器文，證明宗廟與明堂同制，亦有太室及四室。其實宗廟、明堂最初只是一種祀火的廟。不特明堂、宗廟爲然，古人房屋之制，莫不如此。王氏謂「喪服傳言大夫士庶人之通制，乃有四宮」，甚合古制。並且論語所記孔子「嘗獨立，鯉趨而過庭」的庭，及孟子離婁下「與其妾訕其良人，而相泣於中庭」的中庭，皆四室相對中間的庭也。可見這種房屋制度，是古代普遍的。又因爲四屋相向，中庭亦名中霤，王氏對他亦有詳細確切的解釋。古人祭中霤亦仍是「祀火」的遺制。中霤亦係極古時代火的位置。所以「祀火」禮節一經明白後，古代若干制度皆能迎刃而解。

茲依王氏意，繪古代房屋圖如下：

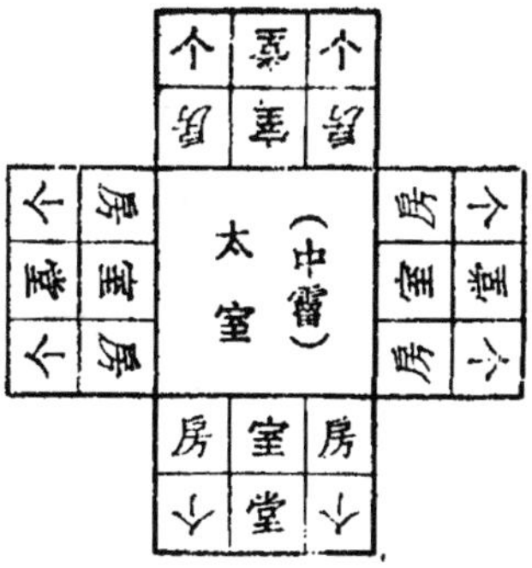

古者「告朔之禮，天子居宗廟」。（說文王部）戰時亦必「治兵於廟」、「受命於廟」。且古代策命的禮，亦必行於廟中。（頌鼎等器）古代政治簡單，所謂「國之大事，在祀與戎」，（左傳成十三年）祭與戎既皆在廟中，說古人上朝亦在廟中，當去事實不遠。且廟从朝聲，最古當係一字，朝與廟亦一件事。

不只如此，古代王亦住在廟中，殯在廟裏。住在廟中，王國維亦甚有創見。茲略述他的話如下：

望敦云：唯王十有三年，六月初吉，戊戌，王在周康宮新宮，旦，王格太室。寰盤云：唯廿有八年五月既望，庚寅，王在周康穆宮，旦，王格太室。頌鼎云：唯三年五月既死霸，甲戌，王在周康邵宮，旦，王格太室。此三器之文皆云：旦，王格太室，則上所云王在某宮者，必謂未旦以前，王所寢處之地也。且此事不獨見於古金文，雖經傳亦多言之。如左傳昭二十二年：單子逆悼王於莊宮，以歸。王子還，夜取王以如莊宮。二十三年：王子朝入於王城。鄩羅納諸莊宮。按莊宮，莊王之廟，而傳文曰逆、曰如、曰納，皆示居處之意。

案王說甚爲洽當。王既是大主教，有守護火不滅的職務，當然住所不能離火太遠。我以爲至少西周初年，甚至於東周初年，路寢就是宗廟的堂，並非單有路寢。後來生活繁複，或者漸另立路寢，但最初宗廟的堂與路寢並非兩種。所以王時常住在廟裏（住在路寢），並且應當常住在那裏，所以魯僖公薨於小寢，左傳就說他「即安也」。

漢儒對殯廟亦頗聚訟，皆誤據檀弓「殷朝而殯於祖，周朝而遂葬」，說殷人殯廟，周人則不殯。檀弓一篇甚蕪雜，且甚晚，清儒對此已甚懷疑，其說當然不甚可靠。左傳僖八年：

禘而致哀姜焉，非禮也。凡夫人不薨于寢，不殯于廟，不赴于同，不祔于姑，則弗致也。

夫人尚殯於廟，邦君反不殯於廟，有這種道理麼？並且晉文公卒，將殯於曲沃，（左傳僖卅二年）這顯明爲的曲沃有宗廟。（左傳言晉文公、悼公，皆說：至於曲沃，朝於武宮。可見曲沃有武公的廟。）諸家皆泥檀弓之說，或者說魯用殷禮，（孔廣森）或者說其末世諸侯何能同也，（鄭康成）或謂以殯過廟，（杜預）皆未能得其眞相。我以爲生時住在路寢，死後就在廟殯，並且據古朗士研究，極古人類皆住在田地裏，亦就葬在家裏，祀火之處就是始祖的墳墓。殯在廟正是葬在家的遺意。賈公彥說周人不殯於廟，而殯於路寢，他不知路寢原來就在廟中。

因爲太室，我對於「至」字，亦有新釋。金文中常言格於太室。堯典亦言：「歸格於藝祖。」詩我將疏引鄭康成曰：「藝祖、文祖，猶周之明堂。」可見格於藝祖，亦猶格於太室。格，昔儒皆訓爲至。格當係一種請祖先來臨的祭禮。說文解字至部，至：鳥飛从高，下至地也。从一，一猶地也。象形，不上去而至下來也。許氏這種解釋實在過於勉強，我以爲至仍是火形，是靜的火，是熊熊旺盛的火。「祖考來格」，神靈既至，代表他們的火也就發起光來。古人祀火必在內「室」，而不在外「堂」，所以亦名其地爲室。

至字的下半或係表示祭臺形。希臘祀火有祭臺。我國古時廟主有石函，想係祭臺的變形。左傳莊十四年：

（原繁）對曰：先君桓公，命我先人，典司宗祏。

昭十八年：

使祝史徙主祏於周廟，告於先君。

哀十六年：

（衞孔悝）使貳車反祏於西圃。

杜預注後兩條皆說：祏，藏主石函，惟注第一條說是藏主石室。祏既可徙可反，只能是石函，不能是石室。

我疑心古時家火用石祭臺，變爲後來的祏；邦火（社火）用土祭臺，變爲後來的社。古時殖民者必從舊火燃新火。後來火變爲主時，既不能燃新火，亦不能分木主的一塊，所以變通辦法，將祭臺上的土分一塊給到他處去殖民的人。這就是周代封建「授土」的起因。

古代祀火演變的痕迹，列表如下：

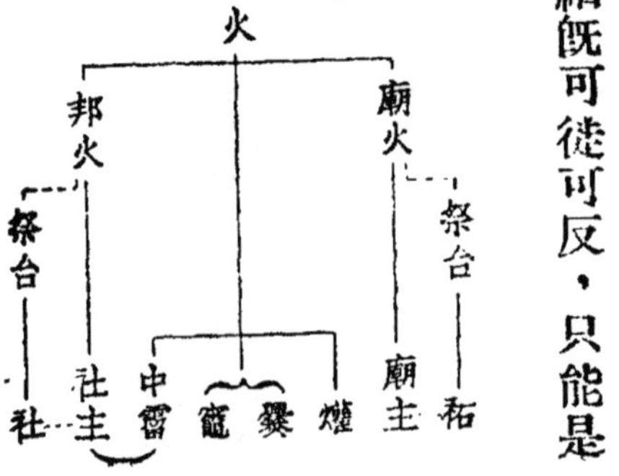

四 釋生、姓、性、旌，及其他

現在先述一段古社會的推測，雖其時代較「邦」制不知更遠古若干年，但據莫爾根(Morgan)所說，原始社會的團與後來的演司似乎相同。在說到邦以前，先研究他，亦甚合理。

近幾十年經歐美學者的努力，實地考察、研究，對現存原始社會組織的了解，頗有相當成績，於是用比較方法，施及古代，對古代社會組織，亦能更為明瞭。現在先將現存原始社會的大綱簡略說明，然後再返觀我國古書中的記載，有些似「若合符節」。

團(Clan)乃原始社會最習見的組織。凡一團的人皆以為共有一種圖騰。圖騰大約以動物或植物為表識。在極幼稚的原始社會中，其人皆自稱「出自圖騰」：如團之圖騰為「狼」者，則團人自稱出自狼。圖騰乃全團所共有，團中人完全平等。亦有以人名名其團者，則謂其人為初得圖騰之「始祖」。此種蓋曾經若干神話的演進，由圖騰而始祖化。杜爾幹(Durkheim)在宗教生活的簡單形式(Les forme sélementaires de la vie religieuse)一書中亦說：「始祖之名仍然是一種圖騰。……團的圖騰起源及始祖由來，似乎只是一個。」

在更進一步的原始社會，如印第安人及美拉尼西亞人，不自稱出自圖騰，而謂與圖騰有共同性質。據郝伯特（Hubert）及茂思（Mauss）所調查，美拉尼西亞人稱這種共同性質爲「馬那」(mana)，（見二氏所著法術學理 Theorie de la magie 一書）馬那不只同團人所共有，且可施之於物，如謂「某物亦有馬那」是也。這種見解在原始社會中較爲進化，故低級者如澳洲土人則無之。

近代社會學研究略如上述，試再推測於中國古代。按說文女部，「姓：人所生也。古之神聖人，母感天而生子，故稱天子，因生以爲姓。」則姓亦人所自出，故姓實即原始社會之圖騰。而古字實只作「生」。若再觀古代各姓，如姜之圖騰爲羊，風之圖騰爲鳳凰，匽之圖騰爲鳳鳥等，則姓之無異於圖騰，更爲明顯。

古代各團在狩獵或戰爭時，必各有旗幟以爲分別。古代埃及刻畫中曾看見過。旗幟上所繪亦即其部落的圖騰。按說文亦謂「旌：所以精進士卒也。」蓋古代表識圖騰（生）之旗謂之旌。

擴而言之，人可以性相近，人之性可善可惡，而物亦可有性，則「性」實即「馬那」，亦就是圖騰的性質。故「性」、「姓」、「旌」實皆出於一物：「生」。中國古代社會所謂「生」，亦卽現代原始社會的圖騰。並且姓、性、旌三字的偏旁實後來所加，極古時當皆謂之曰「生」。

姓卽圖騰的結果，在文字內現在尙能看見他種遺痕。鳳乃風姓的圖騰。鳳之雌者曰凰。因此後來團擁戴首領時，當然視爲圖騰的代表；又因當時尙在母系社會，故稱其首領爲皇（凰）。三皇皆風姓，亦足爲證。後來社會變爲父系的，尊稱乃爲男子所獨有。後人未悉其因，乃造爲自王之說，其實並非如此。

在風姓部落中，大家皆自以爲同一圖騰，同屬于鳳，故引申相呼爲朋。此卽古文鳳字之朋變爲「朋黨」之所由來。彼時似仍在原始共產社會時期，較稱首領爲皇之已漸入於集權時期爲早。故朋黨之義或較先於稱首領爲鳳之義。

此外我並且疑心「崩」字亦風姓所先創。山在鳳上，其義爲死，亦頗合理。

公、伯，皆最初邦君的稱謂，與王並無什麼等差。堯典中稱禹做伯禹，稱夷做伯夷，就因爲他們亦是邦君。我以爲公、伯亦猶皇之與凰，最初亦是以松爲圖騰及以柏爲圖騰的團稱他們的首領的稱謂，後來漸普遍成了邦君的通稱。

又如「美」字，當爲姜姓所先用。說文解字羊部，美：甘也。从羊从大。徐鉉說羊大則美，不錯，但牛大不亦可以美？用羊不用牛的緣故，就因爲美是贊美姜姓圖騰的美。祥善義敬等字當亦如此。說文解字示部，祥：福也。羊部，羊：祥也。最古羊祥當係一個字。言部，善：吉也，从誩从羊。我部，義：己之威儀也，从我羊。養敬兩字意尤顯。食部，養：供養也，从食羊聲。按不嬰敦養作，以手事羊，卽所以養其圖騰。茍部之茍當卽敬的古文。許君說从羊省，从包省，从口，實在不對。羊字甲骨文常作。我以爲與相同，卽羊字。茍从羊从口，从口所以祝告圖騰，所以敬事圖騰，敬不過一種變形。

此外龔龏等字當係以龍爲圖騰的團所創。說文解字廾部，龏：慤也。與心部恭音義皆同，當係恭的古字，以手事龍表示恭敬。共部，龔：給也。古代當與龏是一字，所以牧誓說龔行天之罰。宀部，寵：尊居也。圖騰所居的房屋，自然是尊居。這類字最古時各團皆有，各用自己的圖騰爲表示，但傳到現在的無多。這種原因，亦甚容易知道。我們現在知道的文化，多半係周魯文化，自然不容易有很多他種文化的遺存。从羊的字保存得特別多，正可以證明我下邊所說的姜姬兩姓是同一部落的兩部，周亦採用姜人所造的文字。

原始社會最初為平等共有社會，稍進而為集權；最初為母系社會，稍進而為父系；最初游牧，稍進始為定居。故最初只有圖騰之分，而無地域之別。所謂先有英吉利人而後有英格蘭，英格蘭名字，得自英吉利人。但有了英格蘭以後，又變為相反的，英吉利人又變作生在英格蘭的人。

由此可知，我國最古代的地名，大部是圖騰的名字。用這種圖騰（姓）的團，因定居在某一地，就用圖騰以名其地。譬如：虞的圖騰當係仁獸的騶虞，後變為地名；（詩文王：虞芮質厥成。）扈的圖騰為戶鳥，後亦變為地名；（有扈氏，見甘誓）如是者不勝枚舉。

我疑心商人原來就姓商，而子姓較晚。天名玄鳥，降而生商。商亦即圖騰。且「利以伐姜，不利子商」，（左傳哀公九年）商姜對言，姜係姓則商或亦姓。

近代原始社會每一部落，更自分為左右兩部。部並自有其圖騰。部中且常再分為若干團。兩部可以互通婚姻，但同部婚姻，則絕對禁止。每部又自分為若干級，普通只兩級，間或有四級者。級數的分別，同部落中左右兩部必須相同，如兩級皆須兩級，四級皆須四級是。每部人民皆分屬於某一級，但必須父子異級，祖孫同級。假使某人屬於甲級，其子則屬於乙級，其孫則又屬於甲級。至於婚姻，左部甲級之男子亦只能與右部甲級之女子結婚，而不能與乙級者。據杜爾幹的研究，這種分級的目的完全爲婚姻，所以分別行輩，至於祖孫同級者，則祖孫年歲相去常五六十歲，決不至行輩紊亂而有婚姻之嫌。

以上述學說爲標準，再返觀我國上古史，亦得如下的推測。同姓不婚，自古懸爲厲禁，與同圖騰的團不婚亦同。現在能看見的古史，多由周魯所遺傳。姬姓以外的事，亦以姜姓者爲多。且姬姜兩姓婚姻的頻繁，亦足證兩族關係的密切。后稷之母姜嫄，古公之妻姜女，武王之后邑姜，以及春秋魯衞夫人之多爲姜氏。而周初所封各國，宋以殷後，陳以大姬之外，多係同姓。獨申、呂、許、齊，姜姓爲多，而齊尤大邦。（楚非周封；鄀等附庸，乃周前舊邦之臣服者。）因此我頗疑姬姜乃古代部落中之左右兩部。姬之圖騰，固難索解，然乃虈之別名，或用植物爲表識者。（說文艸部，茝：虈也，从艸，臣聲。又虈：楚謂之蘺，晉謂之虈，齊謂之茝。）最古姬姜歷史，實難分離。黃帝炎帝或係兩部的始祖。姬姜兩族歷世互通婚姻，尤合上述兩部之說。詩言「厥初生民，

五二

實維姜嫄」，蓋后稷以上仍係母系社會，故詩人不詠后稷之父，只述姜嫄。詩生民：誕彌厥月，先生如達。鄭箋訓達爲羊子。說文：羍，小羊也。羍係本字，達乃假借字。后稷出自姜姓，謂如羊子之生，甚合。段茂堂疑尊祖之詩不應如是，不知謂如羊，正所以尊祖。

至於分級之說，我以爲卽古代的「昭穆」。古代昭穆實在是固定的，某人是昭永遠是昭，某人是穆永遠是穆。我且引幾個證據：

乃穆考文王，肇國在西土。（周書酒誥）

率見昭考，以孝以享。（詩載見。毛傳：昭考，武王也。）

訪予落止，率時昭考。（詩訪落）

（宮之奇）對曰：大伯、虞仲，大王之昭也，大伯不從，是以不嗣。虢仲、虢叔，王季之穆也。（左傳僖五年）

管蔡郕霍魯衞毛聃郜雍曹滕畢原酆郇，文之昭也。邗晉應韓，武之穆也。（左傳僖廿四年）

曹，文之昭也；晉，武之穆也。（左傳定四年）

可見西東周人對昭穆皆有固定的指示。大王之子爲昭，王季之子爲穆，文王之子爲昭，武王之子爲穆，亦卽大王爲穆，王季爲昭，文王爲穆，武王爲昭。

後儒謂天子七廟，三昭三穆。按照這種說法，某人是穆者，等到每次新君卽位毀廟時，將他往上一遷，豈不又將他變爲昭了麽？這種不固定的說法，決非古禮。

此外更有兩部相對級的男女歷世互婚的證據。古稱夫之父與婦之父及母之弟兄同曰舅，夫之母與婦之母及父之姊妹同曰姑，而姊妹之子及壻同爲甥，卽分級之所遺留。蓋最古原始共產社會，同級人相視皆若弟兄姊妹，與上述稱謂恰相合。

方母系社會時，子女皆從其母的圖騰，兩部之第一代若各從其圖騰，則第二代必互換圖騰，至第三代復如第一代。玆假設「狽」「虎」兩部，列表如下：

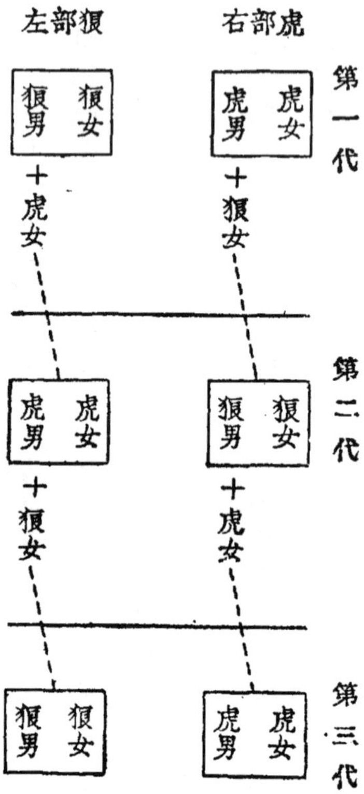

因此祖孫同圖騰（姓），而父子則否。我疑周人以王父字爲氏者，仍係此制度的遺痕。氏所以別族，當然不能用王父姓，最初想係用名，後改用字。（周初人只有名而無字，年長則加伯仲叔季，所謂「五十以伯仲」，如叔封、叔度、季載是。）母系社會的舅，卽母親的兄弟，對她家裏有極高的威權，現在澳洲、美洲的土人仍舊如此。所以古人稱異姓爲伯舅、叔舅，是尊貴的名稱，亦係這種古代舅權的痕迹。

五　大宗與小宗

我國古代禮制有若干種頗爲後儒聚訟，大宗與小宗亦就是其中之一。其實這是一件極容易明白的制度。不過因爲後來小宗之中，又有小宗，歷世愈久，分析愈密，遂使研究者目迷五色，不能明瞭。今用比較方法，觀希羅之演司，再推測最初的大小宗，然後再隨着同姓、同宗、同族歷世的變化，大小宗的制度當能明白。

我國何時始有大小宗的分別，當然無從確悉，但其制度似應與自遠古。方一姓人數尚未增至極多、一地物資尚足供給全姓、家長以一人力量尚能指揮全姓的時候，自然不必分析。全姓皆在由長子世襲的家長（父）之下生活着，自然亦無所謂大小宗。不過後來人數漸漸增多，一姓人數漸超過萬人，（羅馬有些姓自有幾千個戰士。彼時只有貴族可以做戰士，這幾千個戰士外，尚有幾千客人、奴隸，總數當超過萬人。）或因宗教、統率、經濟上種種不便，或因餘子漸與長子爭權，於是一姓內部漸漸分析，大小宗的制度始與。此亦人類社會進化史當有的現象。

於是長支爲大宗，餘子就成爲小宗。所以喪服小記及大傳說：「別子爲祖，繼別爲宗。」別子就是我所謂餘子。因爲自從他方獨立成一個宗，方與長子分別，所以名爲別子。因爲他成了獨立支的家長，所以他亦成了祖。若史記所記可信，黃帝之子廿五人，得姓者十四人，雖尚未有大小宗的名字，但分姓的意義已經相同。商人禮制與周不同，似乎無大小宗制度。商代長子與餘子權利相等。（王國維殷周制度論謂殷人不分嫡庶，用字似乎未恰當。殷人不分長子與餘子，則係事實。殷人有否庶子，尚成問題，我疑心庶妾制度始自周人，或者竟始自文王。）殷人這種制度的由來，可以做兩種假設：一，殷人方自原始共產社會進入首領制度的社會，所以尚以弟兄陸續做王。二，殷人曾有過長子世襲的階段，至成湯以後，已進入弟兄分產的社會。不過王位不可分，而亦想到周代封建的制度，所以弟兄陸續做王。由前一說，則殷代社會尚在長子世襲制以前；由後一說，則殷代社會已進入長子世襲制以後。觀近來殷墟的發掘，殷代文化燦然，遠在同時代周國以上，似以後說為近似。這亦沒有什麼足以驚奇的。都立安人到了斯巴達時，已經將從前的族姓（演司）制度廢除，殷人或者亦嘗如此。

現在古書裏所看見的大小宗當然只是周代宗法社會極盛後的現象。但在初民社會，已有部團及支團的組織。部即最初的圖騰團，後分而為若干團，團後且有時更分而為若干支團。在北美初民社會裏能看出這類現象的明顯痕迹。宗法社會的姓既為初民社會的團的變化，大宗亦即團，小宗亦即支團。所以說大小宗的制度不必始自周代。商人雖尚在兄弟共權階段，但成湯以後，未見他的兄弟繼立為商王，且以後諸王似乎都是成湯的子孫，而不是成湯的兄弟之後。成湯固可恰巧子然一身而無弟兄，這種假設雖可用於後世，但不能用於初民，因在原則上說，同姓同輩者皆是弟兄，全商人不能當成湯時，這一輩只有他一人。因此商人的王位資格恐亦有相當條件，亦即說商人恐已有大小宗的現象，雖然現在的商代史料對此尚無足徵。並且這與現代初民之分部、團、支團亦合。或者商人之分大小宗尚未若周人之瑣細而已。因商人所分不瑣細，所以能長久維持兄弟共權；周人所分過於瑣細，宗愈分愈多，亦愈分愈小，亦愈能中央集權。諸國之內雖有政在邦君或政在大夫之別，然皆係一人或極少數人的獨裁。宗愈分愈宜於政權集中，漢之分諸王地以封諸王之子孫，以造成漢皇的集權，亦其佳證。羅馬有包括萬人的宗而周代無之，所以羅馬保持議會制較久，而周代諸邦則較爲集權。

小宗別自大宗，但尙未能與他完全脫離。希羅的兄弟與長兄分家時，長兄獨有祖先歷世相傳的家火，在物質上亦有獨有祖傳房屋的便宜。內則亦說：適子庶子祇事宗子宗婦，雖貴富不敢以貴富入宗子之家。內則當然是七十子後學的作品。方春秋戰國之交，宗法漸衰微時，所記尙且如此，更前幾百年，宗法方盛時的情形，可想見更須對宗子恭敬了。

宗法若非創自周代，但利用他以封建，以擴充周國的勢力，可是周人獨自發明的方法。但亦因此而大宗分小宗，小宗又分小宗，繁細無底止，使後人研究宗法愈覺着歧路之中更有歧路。

宗法有兩種看法：一種是橫看，卽所謂小宗之中，更有小宗。今用周魯世系，列表如下：

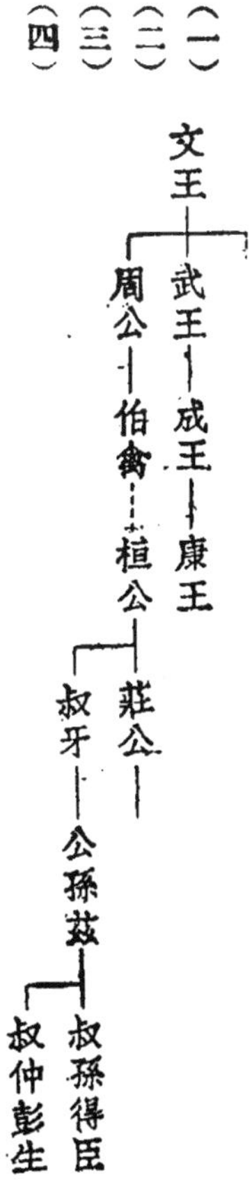

以文王武王爲大宗，周公「別子爲宗」就是小宗。但周公既分以後，伯禽等成了獨立的「百世不遷者，別子之後也」，（大傳）單看亦就可以看作獨立的大宗。所以他又可以分出小宗（叔孫氏）。叔孫氏後亦可以照周公一樣，再分小宗，遂有叔仲氏的小宗。由此表亦可以看出周代大小宗的愈分愈多了。

小宗獨立以後，須經多少代，或須何種條件，方能再分出小宗，現在頗不易知道。由魯國的制度看起，似乎小宗只許用伯仲叔季，而不得稱子。臧氏出自孝公，僖伯、哀伯、文仲、宣叔、武仲、昭伯，終春秋之世，未見有稱子者。展氏出自孝公，施氏出自惠公，左傳只看見夷伯、展莊叔（展氏）、施孝叔，亦未見有稱子者。只三家及郈氏稱子。郈氏先有惠伯，後有敬子、成子，先稱伯仲而後稱子。三家的先用伯仲、後稱子的次序，尤爲明顯。季氏稱子始自第三世：季文子。孟孫氏、叔孫氏皆始自第四世：孟獻子、叔孫穆子。以前皆用伯仲：共仲、穆伯、文伯、惠叔（孟孫氏），僖叔、戴伯、莊叔（叔孫氏），成季、齊仲（季孫氏）。並且孟孫第五世分出的子服氏（別子），叔孫氏第三世分出的叔仲氏，季孫第六世分出的公父氏，就仍舊稱伯仲，而不稱子：孝伯、惠伯、昭伯、景伯（子服氏）；惠伯、昭伯（叔仲氏）；穆伯、文伯（公父氏）。由此可見死後稱子是大宗的表示。所以周初尚稱康叔等爲叔封、叔鮮、叔度、叔處、……季載，就因那時封建初興，各國內部尚無後來族氏的分析，宗周是大宗，列國是小宗的理由。魯秉周禮，較其他各國保存這個制度亦長遠。

宗法的另一種看法是豎的，茲仍用周代世系，列表如下：

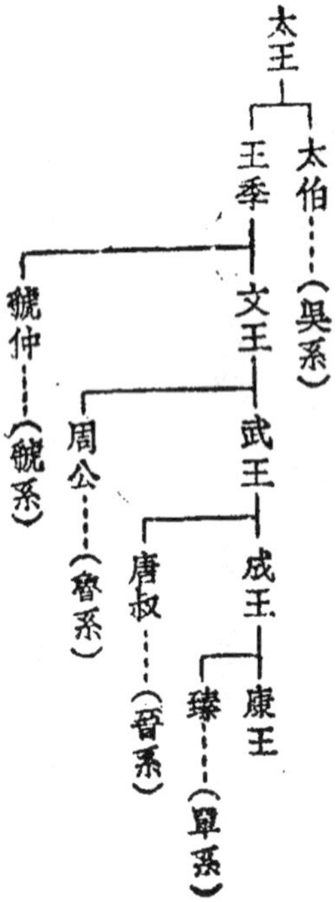

若由一個人看起，譬如由成王：則吳系是繼高祖的宗，虢系是繼曾祖的宗，魯系是

繼祖的宗，而晉系是繼禰的宗。等到成王薨後，康王即位。由康王看起：虢系變成繼高祖的宗，魯系變成繼曾祖的宗，晉系變成繼祖的宗，單系成了繼禰的宗。所以喪服小記說：「故祖遷於上，宗易於下。」這亦是極簡單易明白的。

春秋時人大概亦覺得這種宗又分宗的繁複，所以有時亦以同姓、同宗、同族來分。如襄十二年傳：

吳子壽夢卒，臨於周廟，禮也。凡諸侯之喪，異姓臨於外，同姓於宗廟，同宗於祖廟，同族於禰廟。是故魯爲諸姬臨於周廟，爲邢凡蔣茅胙祭臨於周公之廟。

由此可知姬姓對魯是同姓，周公的兒子各支派是同宗，伯禽以下所分的各支是同族。姓、宗、族三種等級。叔向亦說：「肸之宗十一族，唯羊舌氏在而已。」(昭三年)亦足證宗高於族。但萬不可混宗族的宗與大小宗的宗。宗族的宗是固定的，如周公後皆爲同宗。大小宗的宗是流動的，凡一支從其他一支分出，就名爲小宗，看所從分出的那一支爲大宗。

由上引左傳，亦能看出周室的分宗，始自武王成王時代。所以看周室做大宗，列國爲小宗。這亦與上邊我所說小宗只用伯仲稱呼，而康叔等只稱叔某、季某，亦即小宗相符合。但在周初，周室是大宗，各宗是小宗。後來各宗又等於大宗，各族又等於小宗。這亦是各姓屢分的現象，亦是大小宗研究的糾紛的緣由。

宗並非一種空名目。「宗主」對「宗人」尙有威權，宗人對宗亦尙有義務。到春秋時，宗法已經不十分強固，而宗的威權，宗人的義務，尙有若干存在，玆分析如下：

宗主有殺宗人的權：知罃對楚子說：「……首其請於寡君，而以戮於宗，……」（左傳成三年）

有放逐宗人的權：「晉趙嬰通於趙莊姬，原屛放諸齊。」（成五年）

國家若欲放逐某人時，須先咨詢他的宗主：「鄭放游楚於吳。將行子南，子產咨於太叔。太叔曰：吉不能亢身，焉能亢宗。」（昭元年）

宗主在戰時，就率領着宗人：「欒范以其族夾公行。」（成十六年）

對宗必須尊敬：「叔孫婼聘於宋，桐門右師見之，語卑宋大夫，而賤司城氏。昭子告其人曰：……今夫子卑其大夫，而賤其宗，是賤其身也。」（昭廿五年）

不准反對同宗的人：「華亥欲代右師，乃與寺人柳比，從為之徵曰：聞之久矣。公使代之。見於左師。左師曰：女夫也必亡。女喪而宗室，於人何有，人亦於女何有。」

（昭六年）

在春秋時，尙且如此，春秋前宗主的威權可想而知。實在說來，宗主在宗內就等於君之在邦中。宗主與邦君最初皆是大主教，不過大小的不同，性質並無歧異。王國維以爲君統與宗統是兩件事（殷周制度論），尙未能明白古代邦組織的眞相。

六　邦史邦禮及教育

古邦中皆有邦史記及邦的禮記。邦史多半肇自建城之始。凡邦中祭祀、戰爭、災異，一切與宗教有關的事，莫不記載其中。禮記不只包括禮節，且包括媚神的詩歌，測神意的占卜，及神的命令類似詩歌的刑律。這些在極古時，皆無寫本，只由歷代教士口授。古邦中的官員皆係教士，我所謂教士皆指最初邦官員而言。教士與官員最古時合而爲一，古朗士書中已經詳言，我在這篇中，對我國古代這種制度，亦將詳細研究、解釋。每邦的史記、禮記，皆只有邦中教士可以知道，邦以外的人自然不能知道，且亦不准他們知道，卽邦中非貴族亦不能知道。後漸有寫本，但仍由教士保存，由貴族傳習。

像春秋一類的史記，古邦中皆應有過。他的內容雖甚乾枯無味，但無一件與宗教無干。現在極簡略的擇若干條舉例如下：

（一）災異　隱三年，二月己巳，日有食之。

桓元年，大水。

災異皆是天地間的變象，古人深信是神降的災，自然必須記在史記裏，以示警戒。

（二）祭祀　隱五年，考仲子之宮。

祭祀自然與神有關，更須記在史記裏面。

（三）即位　桓元年，公即位。

即位必告廟，自然與宗教有關。

（四）出境　襄廿八年，公如楚。

（五）回國　襄廿九年，公至自楚。

出境回國亦皆須告廟。

（六）朝　隱十一年，滕侯、薛侯來朝。

（七）聘　隱九年，天子使南季來聘。

（八）會　襄廿一年，公會晉侯、齊侯、宋公、衛侯、鄭伯、曹伯、莒子、邾子于商任。

（九）盟　僖八年，公會王人、齊侯、宋公、衛侯、許男、曹伯、陳世子款盟于洮。

來朝來聘者必享之於廟。往朝往聘必告廟始行。會亦須告廟。盟須誓於「司愼、司盟、名山、名川、羣神、羣祀、先王、先公、七姓十二國之祖。」（襄十一年，亳盟。）與宗教關係尤爲密切。

（十）戰爭　隱二年，無駭帥師入極。

成三年，公會晉侯、宋公、衛侯、曹伯伐鄭

凡戰爭皆應載主以行，出師必「受命於廟，受脤於社」，自然更應記在策上。

（十一）田物　昭元年，叔弓帥師疆鄆田。

成二年，取汶陽田。

桓二年，取郜大鼎于宋，納于太廟。

古人信田界、疆界皆是神的，所以變動疆界皆與神有關。鼎是一種重器，滅人國者必遷其重器，所以取失必書。

（十二）城築　隱七年，城中丘。

莊廿八年，冬，築郿。

建城是古代宗教盛典，觀希羅古代卽知。

（十三）嫁娶　文四年，逆婦姜于齊。

莊廿七年，莒慶來逆叔姬。

古人對婚禮極爲重視，觀古朗士所說及士婚禮自明。

（十四）出奔　襄廿三年，臧孫紇出奔邾。

奔後大夫必盟，如盟叔孫氏，盟子家氏。（昭公廿五年）盟必告宗廟，亦與宗教有關。

（十五）生卒　桓六年，子同生。

宣十八年，公薨于路寢。

桓二年，宋督弑其君與夷及其大夫孔父。

襄廿七年，衞殺其大夫甯喜。

僖廿八年，公子買戍衞，不卒戍，刺之。

生子必須廟見（見家的通論篇），卒必殯於廟，自然須書在史記裏。刺與殺實在一樣，不過魯習慣說刺。殺大夫亦必告廟。

由以上各條看起，邦中無一事與宗教無關。最古的邦史只記與邦有關的事。夏邦只記與夏有關者，商邦只記與商有關者，其餘各邦間的事，夏商並未參加，概不記載。商滅夏得到夏的史記，周滅商得到商的史記。所以周朝對夏商的歷史知道得比較清楚，對其餘與夏商同時各邦的歷史，幾乎茫然，亦即因此。譬如竹書紀年就是一個證據。現在所傳的固然不眞，但由王國維所集的各條，亦不見記載與夏商無關的史料。至周代用封建統一各邦，有事皆互相通告，因此對不關邦史的事，凡他邦通告者，皆據原文書在策上，或者尙須先告廟。否則魯並未參加城濮戰役，不必記在春秋。他邦的弒君、殺大夫皆與魯無干，亦不必記載。古人對記載必用固定的方式辭句。魯「猶秉周禮」，所用的方式自然是周式。左傳定公四年所說封國皆帶着「祝、宗、卜、史」，同姓國史記自然皆用的是周式。觀春秋時宋的典制與周已甚相近，而孔子亦歎「殷禮吾能言之，宋不足徵也」，宋已被周禮所同化。恐怕周時各國史記方式皆相似的。無論如何，春秋只據他國通告原策文直書，無所謂微言大義。譬如趙穿弒君而書趙盾者，係晉史原文，非魯史所改，更非孔子所作。古代邦史皆由史官所掌，最初並且不准人看。各邦史的失逸，這是一種重要的緣故。

各邦另有邦的禮記。古邦的禮節既各邦不同，各邦的禮記自然亦異。不只夏與商、商與周禮節不同，卽夏與他同時的各邦，商與他同時的各邦，禮節亦不同。同上面所說關於邦史一樣，商滅夏得到夏的禮記，周滅商得到商的禮記。所以夏禮、殷禮雖然杞、宋不甚足徵，但周時尚知道夏禮、殷禮的一部分。孔子尚說「行夏之時，乘殷之輅」，而古書中不見提起與夏同時的扈禮如何，與商同時的葛禮如何。各邦禮之亡，亦同各邦史之亡，皆由古邦的特立現狀所致。

希羅所謂禮記，實在包括中國的詩、樂、禮、易。韓宣子見易象與魯春秋而謂周禮盡在魯，可見古代禮記包括易、詩、書、禮、樂、春秋而言。後來儒家所謂六經，實在不過古邦中的史記禮記。先只有口傳，後始有寫本。先只有世族傳習，後始變爲公開。觀孔子學無常師，到處一件一件的請人去教，及孔子的先生老子是柱下史，師襄是師，郯子是邦君，皆是世族，可知公開給非世族的時候，去孔子不遠。自己皆習過而用以教弟子的，或者要推孔子第一人了。

古人最迷信，在中國及希羅亦皆相同。希羅占卜的方法甚多，有鳥占、觀象、觀犧牲的臟腑等占法。他們尤信巫語。羅馬有一種預言的專書，我國古代卜筮亦始自遠古。春秋所言尙有望氣。這些皆大家習聞，不必我再引證。金縢所言穆卜，我疑心他並非尋常的卜。釋詁訓穆爲敬，亦未得其眞實。穆卜乃看一種卜書。這種占書藏在金縢匱中，故亦名「金縢之書」。周公用龜卜後，更「啟籥見書，乃幷是吉」，明穆卜與卜幷吉，自然兩種占法不同。後在天大雷雨以風，邦人大恐時，王亦與大夫戴着弁，以啟金縢之書，欲知書中所說是何種吉凶。恰看見匱中有周公自以爲功的記載，於是成王明白了，天象乃「動威以彰周公之德」。所以說：「其勿穆卜」，不用看占書了，我已經知道什麼緣故了。蓋周人每次穆卜後，仍將穆卜的結果，寫在策上，存在金縢匱中。所以周公這篇記載亦在匱中，爲成王啟匱看見。成王穆卜，最初爲知道天象變動的緣故，並不知道周公有記載藏在匱中，曰「啟籥見書」，曰「以啟金縢之書」，自然匱中有書，專爲「穆卜」的書，而非尋常「卜」的書了。

法律古時亦附屬於禮。近代所謂民法，如親屬，如繼承，自然不外古代所謂禮。就是刑法，亞利安民族古代亦將他附在禮記，此節在中國雖無可考證，但「刑不上大夫」，就專爲庶人而設。且審判官是士，（堯典：皐陶，汝作士。）士最初乃掌祭祀的人。這亦與古邦中審判官是教士相同。關於士的說明見下文。古邦的法律最初並無寫本，中國古代亦相同。左傳昭六年：

鄭人鑄刑書。叔向使詒子產書曰：……昔先王議事以制，不爲刑辟，懼民之有爭心也。……夏有亂政，而作禹刑；商有亂政，而作湯刑；周有亂政，而作九刑。三辟之興，皆叔世也。……民知爭端矣，將棄禮而徵於書。

昭廿九年：

遂賦晉國一鼓鐵，以鑄刑鼎，著范宣子所謂刑書焉。仲尼曰：晉其亡乎，失其度矣！夫晉國將守唐叔之所受法度，以經緯其民，卿大夫以序守之。民是以能尊其貴，貴是以能守其業。貴賤不愆，所謂度也。文公是以作執秩之官，爲被廬之法，以爲盟主。今棄是度也，而爲刑鼎。民在鼎矣，何以尊貴？貴何業之守？貴賤無序，何以爲國？

由叔向所說，可知夏商周最初皆無刑法，至少沒有寫出而爲各階級皆知的刑法。且古時只徵於禮。由孔子所說，貴賤不愆是爲度。這種度，卿大夫以序守之，階級須分得清楚。賤者尊重貴者，貴者方能鞏固做世族。禮不下庶人，刑不上大夫，兩種階級毫無共同。現在「民在鼎矣」，晉始有兩種階級共有的法律，貴者不再被尊視，所以說「失其度矣」。這兩節文字的價值從未被研究者識出。他表示君子小人兩階級混合的開始。

史記禮記既專爲世族所保存、傳習，古代教育、孔子以前的教育，可以說是世族的教育。庶人的教育自然不必說起。堯典說「教胄子」。胄子就是世族的兒子。鄭康成謂胄子爲國子，詩崧高疏引說文解字，禮謂適子爲胄子是也。今文家據史記說爲教稚子或教育子，實在未能知道古代情形。在家的通論篇中已講過世族男子在宗教上的特殊地位，他應受特別教育，並不足奇異。最古時的胄子或者只指長子而言，餘子或尚不列在內。古時教育情形，內則及王制亦曾說過。這兩篇皆是七十子以後的書，王制尤是漢人所作，固然不能盡以爲確實，只能作爲研究的參考。內則：

十年，出就外傅，居宿于外，學書記。衣不帛襦袴，禮帥初，朝夕學幼儀，請肄簡諒。十有三年，學樂誦詩，舞勺。成童，舞象，學射御。二十而冠，始學禮。可以衣裘帛，舞大夏。惇行孝弟，博學不教，內而不出。

王制：

樂正崇四術，立四教，順先王詩書禮樂以造士。春秋教以禮樂，冬夏教以詩書。

周禮亦說六藝。由此可以想像古代的教育，不過詩書（歷史）禮樂射御書（認字）數，一切皆與宗教有關。詩樂所以事神，書所以記載與宗教有關的事，射既用在享禮·

亦用在戎。御亦車戰所必需。戎亦古邦宗教的一端，觀古朗士所述卽知。所以古朗士說，古邦教育皆爲的造成教士。只有世族可以做教士，平民不能做，所以平民不必受教育。王制說國之俊選皆能入學，係後人以後禮說前禮的錯誤。世族在出生，春秋以前素未尙賢。

平民不必受教育，世族可是非受不可。左傳昭十六年：

晉韓起聘于鄭，鄭伯享之。子產戒曰：苟有位於朝，無有不共恪。孔張後至，立於客間。執政禦之，適客後。又禦之，適縣間。客從而笑之。事畢，富子諫曰：……孔張失位，吾子之恥也。子產怒曰：……孔張，君之昆孫，子孔之後也，執政之嗣也。爲嗣大夫，承命以使，周於諸侯，國人所尊，諸侯所知。立於朝而祀於家，有祿於國，有賦於軍，喪祭有職，受脤歸脤，其祭在廟，已有著位。在位數世，世守其業，而忘其所，僑焉得恥之！

觀孔張的地位，是那般高的世族，自然應當「世守其業」。一有錯誤，客人譏他，國人引爲深恥，可見在春秋世族將衰之時，世族尙非深知他的「業」不可。

七　釋王、卿、將、士、史、工、巫

七二

古邦政是宗教，邦的官吏是教士。古朗士這句話說得眞不錯。邦中最高的邦君，這些邦稱爲皇、稱爲帝、稱爲王，那些邦稱爲后、稱爲伯，名稱雖不同，其爲邦君則一，最初毫無軒輊，他們在邦內是首領，等於父在家裏。后稷既稱后，大王亦稱王，並無足奇異。現將名稱與宗教關係最顯著的幾個特加研究。

王是「祀火」的教士。盂鼎、格仲尊，王皆作王。吳大澂釋爲火字。王祀火，故字从火。

卿是伴食于公餐的人。他最初在宗教上是王的輔佐，後在邦政上亦是王的輔佐。

將是持肉祭祀，因而稱行祭祀的人。古時掌邦祭者，戰時亦統率邦軍，故引申爲掌軍的名稱。卿及將的解釋，已詳釋主篇，茲不細說。

士的意義甚多。一種是卿士。洪範說卿士，春秋時周尙稱卿士。（左傳隱三年，鄭武公莊公爲平王卿士。）卿士或者是商制，周所沿用。一種是大夫士的士，較低於大夫。春秋時列國多有。一種是士師的士。（堯典）其實最初這三種皆相同，士不過邦君下最初的官吏。

士與史與事三字最初皆是一個字。對史事吏三字，王國維的研究已甚詳細。王先生在釋史（觀堂集林）裏，以卜辭、毛公鼎、小子師敦、番生敦、毛詩、尚書、左氏傳，證明古代官皆「稱事若吏即史者也。」最初只係一字，後各需專字，「持書者謂之史，治人者謂之吏，職事謂之事。此蓋出于秦漢之際，而詩書之文尚不甚區別。」

我以為不只史事吏最古是一個字，士亦與同是一字。牧誓：「是以為大夫卿士」，洪範：「謀及卿士」，顧命：「卿士邦君」，商頌：「降予卿士」，左傳隱三年：「鄭武公莊公為平王卿士」，毛公鼎、小子師敦、番生敦皆作卿士，卜辭作卿史。周卿士中有司徒、司馬、司空，詩雨無正稱為三事。皆足證卿士即卿史，士亦即是史、事。

士是最古時王下的官。最古時邦境甚狹，邦政甚簡，或者有些邦裏只有王及士。王所管名曰政，士所管名曰事。酒誥：「有正有事」，以正（政）與事對舉。國差𦉜亦云「立事」。孔子對冉求亦說「其事也，」以對冉求所說「政」。鄭君注：君之教令為政，臣之教令為事。（論語子路篇）蓋春秋時仍沿政事之分。

後士中有幾個人在公餐伴食，就稱這幾個士為卿士。這稱呼至晚當始自商周之際。更後有的簡稱為卿。春秋列國多稱卿，惟周室尚稱卿士。古人最富保守，階級愈高，保守性愈重。周室較列國更守舊，並非奇異的事。

古邦掌祭祀者，亦記載邦中一切史事，亦兼審判，故士亦是史，亦是士師。古代禮記既包括禮、易、春秋等書，士或史亦兼任後世祝、宗、卜、史的職務。左傳定四年，祝佗謂封伯禽時，「分之土田培敦，祝宗卜史，備物典策，官司彝器。」似周初已將四職分開。但至春秋時，四職尚時常混雜，且就左傳所載舉幾個例。

有祝宗連用者：

晉范文子反自鄢陵，使其祝宗祈死。（成十七年，晉）

祝宗用馬于四墉。（襄九年，宋）

公使祝宗告亡。（襄十四年，衞）

昭子齊於其寢，使祝宗祈死。（昭廿五年，魯）

有祝史並舉者：

祝史矯舉以祭。（桓六年，隨）

其祝史陳信於鬼神，無愧辭。（襄廿七年，晉）

日有食之，祝史請所用幣。（昭十七年，魯）

使祝史徙主祏於周廟，……郊人助祝史除於國北，禳火于玄冥回祿，祈于四鄘。（昭十八年，鄭）

祝史之爲，無能補也。（昭廿六年，齊）

由此足見祝與史、祝與宗的職務，分得不甚清楚。鄭火，使祝史祈于四鄘；宋火，使祝宗用馬于四墉。更足見史、祝、宗職務的相近。並且說「祝宗卜史」的祝佗，對歷史知道得就甚詳細。而閔二年，衞史華龍滑與禮孔說：「我太史也，實掌其祭。」尤足證史的最古職務。史記謂老子爲周柱下史。柱卽主，主下史乃在火旁掌紀錄的太史。

至于卜及史，分得尤不淸楚，左傳中記占卜的各條內有五條記明卜人，而八條則說明係史。

由史占者：

周史有以周易見陳侯者，陳侯使筮之。（莊廿二年，陳）

辛廖占之曰：吉。（閔元年，晉）

（按辛廖當係辛有之後，董史也。）

初晉獻公筮嫁伯姬於秦，……史蘇占之。（僖十五年，晉）

邾文公卜遷于繹。史曰：利於民而不利於君。（文十三年，邾）

公筮之。史曰：吉。（成十六年，晉）

> 武子筮之，遇困之大過，史皆曰：吉。（襄廿五年，齊）
>
> 穆姜薨於東宮，始往而筮之，遇艮之八。……史曰：是謂艮之隨。（襄九年，魯）
>
> 晉趙鞅卜救鄭，占諸史趙、史墨、史龜。（哀九年，晉）

由卜占者：

> 成季之將生也，桓公使卜，楚丘之父卜之。（閔二年，魯）
>
> 秦伯伐晉，卜徒父筮之，吉。（僖十五年，秦）
>
> 卜招父與其子卜之。（僖十七年，梁）
>
> 使卜偃卜之。（僖廿五年，晉）
>
> 初，穆子之生也，莊叔以周易筮之。……以示卜楚丘。（昭五年，魯）

可見占卜不一定由卜人，史亦能占之，這就因爲史、卜最初並未分職。

不止史（士）能卜筮，巫亦能筮。筮字從巫，即其明證。並且周禮簭人有巫更巫咸巫式巫目巫易巫比巫祠巫環等筮法，可見巫筮最初只是一個字。（莊存與謂巫更等爲古精筮者九人。）巫在古時是極有威權的人物，他是神與人的中間。在官吏就是教士的時候，他的地位不見得比邦君低。所以商的宰相「卿士」就是巫咸巫賢。巫並且能治病，因爲古時治病方法用符籙。論語有巫馬期，想是以官爲族姓，足證周禮所說的巫馬氏不假。論語又說：「南人有言曰：人而無恆，不可以作巫醫。」（子路篇）這句話是那時的俗語，孔子既引他，想較孔子爲早。足證巫亦就是醫。說文解字示部：⿰礻留，祝⿰礻留也。倘是巫醫的演變、遺留。

與巫類似的倘有工。不過這個字的初義早已變更，痕迹頗難看出。春秋時只餘轉變的意義。一種是樂工，左傳襄四年：工歌文王之三。一種是工商，左傳襄九年：商、工、皁、隸，不知遷業。一種是工祝，詩楚茨：工祝致告，徂賚孝孫。又孝孫徂位，工祝致告。毛傳：善其事曰工。似乎不確，工祝是一種管祝告的人。

由這些看起來，樂工能歌詩以事神，工祝能祝告以事神。工商的工能造祭器，能築城，能建宗廟，能製戈矛，觀考工記所載便知。他知道一切凡祭與戎，即一切與宗教有關的工藝。這些皆最初「工」的演變、分化，最初的工包含這一切。他懂得使神喜歡的一切方法。周公所謂「予仁若考，能多才多藝，能事鬼神。」就是工的最適宜的注腳。考，史記作巧，巧從工，多藝亦即夏書所謂「工執藝事以諫」的藝。（左傳襄十四年，師曠引夏書）他能歌以事神，亦與巫能舞以降神同意，所以說文解字工部說「工與巫同意」。

工亦古時平常官吏，這邦名曰士，那邦名曰巫，另一邦名爲工。因此又變爲官的普通稱謂。臯陶謨，「百工惟時」；康誥，「百工播民和」；洛誥，「予齊百工」。凡此皆謂百官。宗周最保守，如上所說卿士名稱的保存，周在春秋時猶沿用百工，列國則多稱百官矣。左傳昭廿二年，「單子使王子處守于王城，盟百工于平宮。」又「百工叛。」足證工亦就是官的舊稱號。鹽鐵論刺復篇說百工惟時爲士守其職，亦可爲我說工等於士佐證。且士所職亦曰士（後曰事），工所職亦曰工（後曰功），亦相同。堯典，「欽哉，惟時亮天工。」史記工作事。臯陶謨，「天工人其代之。」史記作是爲亂天事。皆足證工與事相類。

堯典，「伯禹作司空。」司空乃百工之長。後又加司徒、司馬而成三事（三士）。至春秋末，士的範圍愈擴充。古時惟士能知典章禮樂，現在則庶人之賢者亦漸能知道。於是士亦隨教育的公開而變爲讀書人的普遍名稱。

茲將上面所述士、史、工、巫的演變，列表如下。最初這些字不一定是一邦所用，演變中尚有各邦相互的關係。演變的途徑或比這表繁雜得多，但有什麼方法知道呢？

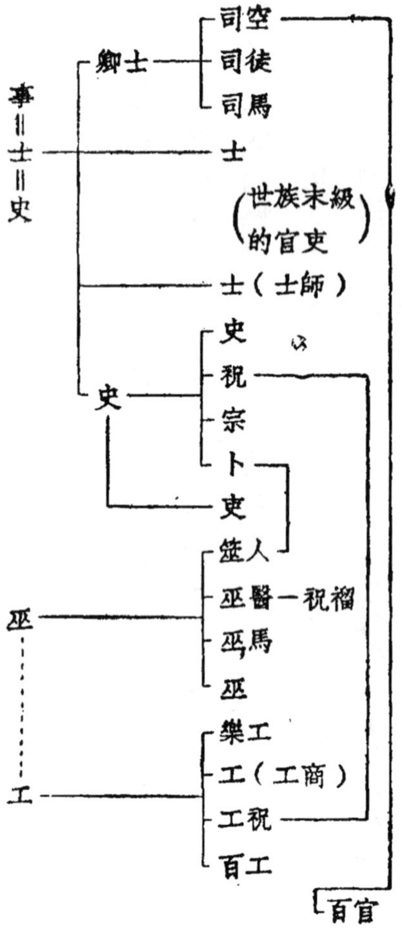

八　古邦中的階級

西周初年封建制度的結果，自然不能不有階級。並且周以前各小邦的組織，亦不能不有階級。但古代階級如何分法，及有多少階級，亦爲極有興味的研究，亦卽爲此篇所想嘗試者。

西周初年階級，現在亦無甚明晰的記載；我們且仍用古朗士的方法，先看看東周春秋時代階級如何分別，然後再上溯更古時代。後代社會，必由前代的蛻化而來，由後者亦能推測前者，或前者亦略與後者相似。

左傳中說階級最清楚的一節，莫過於昭七年楚芋尹無宇的話，他說：

故王臣公，公臣大夫，大夫臣士，士臣皁，皁臣輿，輿臣隸，隸臣僚，僚臣僕，僕臣臺；馬有圉，牛有牧。

觀此則王、公、大夫、士、皁、輿、隸、僚、僕、臺，所謂十等。另外尚有圉、牧兩種人。皁輿以下八等（連圉牧在內），古人亦常混用。譬如左傳他節，有皁隸連用者，如隱五年「皁隸之事」，襄九年「商、工、皁、隸，不知遷業」，昭三年「欒、郤、胥、原、狐、續、慶、伯，降在皁隸」；有隸圉連用者，如哀二年「人臣、隸、圉，免」；有皁牧連用者，如襄廿一年「其次皁牧輿馬」；有皁隸牧圉連用者，如襄十四年「庶人、工、商、皁、隸、牧、圉，皆有親暱」。可見這八等分別言之，固然一等與一等不同；但混而言之，亦可以算作一等，就是奴隸的階級。

若就地域看，昭七年的是楚人的話（芋尹無宇），襄九年的是楚人指晉人而說的話（子囊），襄十四年的，昭三年的，哀二年的，皆是晉人的話（師曠、叔向、趙鞅），隱五年的及襄廿一年的皆是魯人的話（臧僖伯、內史克）。在原來是荊蠻而漸受周文化的楚，在公族衰弱的晉，在公族仍盛、「猶秉周禮」的魯，皆有同類階級，可見奴隸階級的存在是春秋時普遍的現象。

此外尚有一種階級：庶人階級。庶人並不完全是奴隸，這節甚須注意。春秋時說庶人及隸圉等皆分着說，並未見混在一起。襄九年傳楚子囊說晉：

其卿讓於善，其大夫不失守，其士競於教，其庶人力於農穡，商、工、皁、隸不知遷業。

襄十四年晉師曠說：

天子有公，諸侯有卿，卿置側室，大夫有貳宗，士有朋友，庶人、工、商、皁、隸、牧、圉皆有親暱，以相輔佐也。

哀二年晉趙鞅誓曰：

克敵者上大夫受縣，下大夫受郡，士田十萬，庶人、工、商遂，人臣、隸、圉免。

由末一條，可以知道人臣、隸、圉克敵者可以免力役，庶人未說，就因爲他們並非奴隸，無力役可免，反能進一步遂仕宦也。由前一條可以知道庶人力於農穡，他們的根本職業是農人。他們亦不是士，春秋時士與庶人永不並列。孔子尚說：「天下有道，則庶人不議。」（論語季氏篇）可見庶人干政，在孔子時尚以爲不合古制。最晚至孟子時，方常連稱士庶人。春秋末年，士的階級已經不甚嚴格，世族、庶人內一部分聰慧者上升入士，其餘仍留爲農，遂與工、商變爲四民。

庶字義是次一等的意思。所以妾所生子曰「庶子」，異姓曰「庶姓」，（隱十一年傳，滕侯曰：薛庶姓也。）周稱商人亦曰「庶殷」。（召誥屢言庶殷）庶人、工、商及奴隸皆非世族，古人習稱爲「小人」，以別於世族的「君子」。凡世族皆係家長——「父」的後人。古時父及君相同，故稱他們曰君子。這亦與羅馬的「父族」（Patriarch）之出自「父」（pater）相同。君子包括士、大夫、卿、邦君。

由孔子所說「天下有道，則庶人不議」，可知愈古庶人愈不能干政，愈不能仕宦，君子與小人之分別愈嚴。只有世族能執政。所以說「禮不下庶人，刑不上大夫。」禮不下庶人，即因古朗士所說他們是無宗族宗教的人。

春秋時的社會階級可以列表如下：

君子：邦君—卿—大夫—士

小人：庶人（工商）—奴隸（由皁至牧八等）

左傳中說君子、小人的地方，凡在春秋前半者多用作貴賤之分，至後半始有用作受過教育的人及未受過教育的人的分別。論語中後一種尤夥。詩書中所用君子、小人皆屬前一義。君子小人的分別愈古愈顯，他是古邦中普遍的分別。

郭沫若先生以為奴隸制度至共和初已漸衰，似乎不確。他以為周厲王被「庶民」趕走，由共伯做了皇帝，這就是奴隸的解放。

照郭氏說來，共伯是希羅的暴君。但我們要知道左傳昭廿六年所說的「萬民弗忍」的民及國語周語所說的「國人圍之」的國人是否奴隸。奴隸照古邦通例看，素不數在邦中，他們是各世家的私產。詩書所說民自然不包括奴隸。至於國人，自然更指着貴族而言。左傳定十年，宋公子辰說：「吾以國人出，君誰與處？」於是他就同「仲佗、石彄出奔陳。」所謂國人指仲佗、石彄而言，國人自然指貴族而非奴隸。周厲王之被逐，依我的意見，是貴族的革命，而非奴隸的革命。所以周公召公共理國政。史書所記自陝以東、自陝以西的話，亦就是彼時的事。周公召公是指彼時的周召。後儒誤會周文公卽周公，遂將分治之事移前。周公無諡法，觀左傳中皆只稱周公足證。至於共不過是一個小國，卽左傳「太叔出奔共」之共。共伯若能由奴隸推戴為君，那時貴族勢力方強，諸侯大家未必能容忍他。觀春秋時晉鄭之屢次納王，卽知在西周奴隸擁戴暴君之不可能。

郭氏並且誤解呂刑之用錢贖罪。古時奴隸皆分隸在各家族內，家長對他們有生殺的無上威權。邦中刑律管不到他們。金作贖刑是對貴族的刑律。這亦不足證奴隸的解放。

並且城濮戰後，周王賞晉侯以虎賁三百人。（僖二十八年）秦伯送衞於晉三千人，實紀綱之僕。（僖廿四年）臧武仲說季武子：若大盜禮焉，以君之姑姊與其大邑；其次皁牧輿馬；其小者衣裳劍帶，是賞盜也。（襄廿一年）皆足證春秋時尙能把奴隸私相贈送，與田地、器物相等，奴隸制度仍然通行。

卜辭中已有奚、奴等字，足見奴隸制度不始自周，古邦中通常皆有。君子、小人階級之分，亦古邦中慣例。

九　殖民

古代希臘義大利的各民族，皆有所謂殖民地。其法乃由甲邦的世族一人，燃火於邦火，然後率領若干人載新火而至乙地，舉行建城的典禮。所載的火，遂爲新邦的邦火，而新邦亦爲甲邦的殖民地。但殖民地與其祖邦（拉丁文直譯爲母邦）的關係，並非如近代殖民地及統屬國關係之深切。據古朗士的研究，似乎只是宗教的。燃火的人，亦即後來的建城者，必須是甲邦的世族。因爲邦的制度，非世族不能參與甲邦的邦火祭祀，當然更無從燃新火；而建城必須遵用典禮，這種典禮又非世族無從與知。至於隨從的人，則不一定是世族，有時甚至是甲邦以外的人。

實在說來，希臘義大利古代的殖民，就是我國古代所謂封建。左傳定四年：

昔武王克商，成王定之，選建明德，以藩屏周。故周公相王室，以尹天下，於周爲睦。分魯公以大路、大旂、夏后氏之璜、封父之繁弱、殷民六族：條氏、徐氏、蕭氏、索氏、長勺氏、尾勺氏，使帥其宗氏，輯其分族，將其類醜，以法則周公，用即命於周，是使之職事於魯，以昭周公之明德。分之土田培敦，祝宗卜史，備物典策，官司彝器；因商奄之民，命以伯禽，而封於少皥之虛。分康叔以大路、少帛、綪茷、旃旌、大呂，殷民七族：陶氏、施氏、繁氏、錡氏、樊氏、饑氏、終葵氏。封畛土略，自武父以南，及圃田之北竟，取於有閻之土，以共王職，取於相土之東都，以會王之東蒐。聃季授土，陶叔授民。命以康誥，而封於殷虛。皆啓以商政，疆以周索。分唐叔以大路、密須之鼓，闕鞏、沽洗，懷姓九宗，職官五正。命以唐誥，而封於夏虛。啓以夏政，疆以戎索。

古書中記載封建的，以這條爲最詳細。伯禽、康叔、唐叔就是燃火建城的世族，祝宗卜史就是懂典禮的人；（希臘義大利燃火建城的人，常常就是懂典禮的人，周代大規模殖民，不妨由幾個人分擔這種職務。）殷民、懷姓就是隨從的人。各種皆與西方的相似，不過規模較大而已。對衛、晉，子魚雖然未說及祝宗卜史，但我想亦應當有。

周初的封建，對中國歷史甚爲重要。他劃分先後歷史成兩個時期，等於羅馬的統一各邦，但比羅馬早得多。羅馬統一各邦在紀元前二〇七年，周之滅商則約在紀元前一一二五年，較羅莫盧斯（Romalus）建城尤早。

周滅商始由陝西進至河南，封管蔡康叔皆在彼時。至成王周公誅武庚，踐奄，始更進至山東，封齊魯等國。成王時更北伐，進至山西，封晉韓等國。昭王南征，穆王征徐，至宣王始能使荆蠻來威。周的勢力於是及南國，漢陽諸姬姓國蓋皆封於此時。從太王翦商起，至宣王南征止，周室皆在擴充境域。這是第一步推動，由周室直接用武力征服各邦。第二步推動較後，在齊魯晉等國受封以後，由分封各國用武力向外擴充。齊的向東發展，魯的向東向南發展，晉的向北發展，就是這種現象。

羅馬在武力上只有第一步推動。在組織上，他未與征服的各邦以組織。各邦無論名爲臣服或聯盟，皆仍獨立存在，只由羅馬派一省長治理其地。省長每年更換，有無上威權。羅馬對各邦是眞正征服，周室對各邦則完全是殖民。對強的邦，他就滅了，改由周室兄弟親戚封其地和殖民；（譬如，詩文王所說的「虞芮質厥成」的虞，即改封仲雍的子孫。）對弱邦就留做分封各國的附庸。（如郳之對魯）所封各國除姬姓外，只有異姓的齊、紀、申、呂、許、陳、宋。齊、紀、申、呂、許皆姜姓，釋生姓性旌及其他篇中已講過姜姬是一個部落的兩部，實在等於一個民族。陳是大姬之後，仍是一半姬姓。只有宋是被征服民族之被封者。但觀封魯、封衛，派去那般多的殷民，作洛以後遷去那般多的殷庶，就能明白彼時欲分散殷人的政策。並且魯孝公惠公以上皆娶自商，足證想同化宋人的希望。而春秋之宋，在組織上已不見有甚顯著與姬姓諸國不同的地方，孔子亦歎殷禮不足徵，足證同化宋人的結果。於是全中國合爲一邦。

固然周初封建與希臘義大利古代的殖民情形略有不同：希臘義大利是無計劃的，周初是有計劃的。但這種不同，並不在基本觀念，而由於形勢。希臘義大利包含無數小邦，各邦當然無法任意殖民；而周乃當時唯一有力的民族，自然能獨行其政策了。

至於周以外的民族，如夏，如商，是否已有封建制度，現在頗難徵考。若據孟子所說「象封於有庳」，則封建已起自遠古。但孟子時代，已不熟悉古史的眞相，而深信三代是有系統的相傳，自然認各種制度皆傳自古代，後代不過有所損益而已。所以他所說的古代制度，尙待研究。不過後代史書記載裏，常說及夏殷同姓的國。如襄四年傳：（寒浞）使澆用師，滅斟灌及斟尋氏；如哀元年傳：昔有過澆，殺斟灌以伐斟鄩；杜氏皆以爲夏同姓國。又如伾侁亦說是商的同姓國，若這些記載可靠，夏殷同姓國的解釋，只有兩種可能：（一）夏民族和商民族曾在一個時期中因戰爭遷徙或種種現在不可知道的原因，分散居於各處。後漸在各區域內，建成無數小邦。其中一小邦漸漸強盛而變爲古史中的夏國或商國；其餘小邦遂成古史中的夏同姓國或商同姓國。（二）同姓國乃夏商的殖民地。這兩種假設，那一種合理，當然現在無法證明。但夏商甚至夏商以前，中國亦有無數小邦，則係的確事實。否則，孟津會的諸侯甚難達到八百的數目。（八百之數目確否固不可知，當時邦國甚多則係事實。）

古邦是完全獨立的。各邦的典章、政事無一相同。這一邦的人到那一邦就被看做外人，不能享公民的權利。經周封建後就不同了。照着希臘殖民的語言說，周是祖邦，列國是姊妹邦。典章政事雖有各地方的小不同，但大體上皆相似。從此可以互相慶弔，互相往來。他們不只皆與周室有關係，並且互相有關係。周室不妨衰弱，他們仍能聯合起來。這就是春秋夷與夏的觀念的由來。將古邦公民的觀念擴充至幾百千倍。至春秋時，顯然全國只分兩個階級：一面是各國的世族（君子），另一面是各國的平民（小人）。一國的卿大夫出奔，適他一國，仍受世族的優禮，就足爲證。亦因此而戰國時盛行客卿，國界的觀念亦不甚重。亦因此而秦始皇的一君式的統一容易，蓋周朝已用過殖民式的統一。

羅馬統一後，亦分兩種階級，但與周朝的不同。一面是羅馬邦，較最初並未擴充；一面是被征服的各邦。每邦與羅馬皆有關係，各邦間互相無關係。所以周室衰弱後，中國事實上並未分爲文化不同、語言不同的若干國；而羅馬衰弱後，各地就仍舊回復獨立狀況，希臘仍回復希臘，高盧亦仍回復高盧。這就因爲周用殖民方法，羅馬不用的緣故。於此亦可見周初封建在中國歷史上的價值。

亦因周室力行同化，極力泯除古邦的界限，遂使各古邦特有的文獻無從徵考。若非希羅古邦足供參考，周以前邦的情形，恐難想像。後儒誤信夏商與周的統一相等，亦即由此。因此古朗士這册古邦的研究，對我國古邦能說明不少，足供研究古史者極寬的利用。

十　中國與希臘羅馬古代相同制度表

希羅	中國
祀祖	祀祖
演司	氏族
長子繼承制	立嫡長制
祀火	主
火居院之中	宗廟之正中爲太室
邦火	社
每族各有族墓，族人皆葬其中。	族墓
無子之婦出	無子爲七出之一條
長子獨傳家火，餘子另燃新火。	大宗，小宗。
婦人童年從父，少年從夫，夫死從子。	三從
Pater 即家長	父，家長率教者。
羅馬 Toga 袍禮	冠禮

神不享外人的祭祀	神不享非祀，民不祀非族。
吃飯前必祭	雖蔬食菜羹必祭，必齊如也
祭祀用香料	灌鬯
在各種祭典裏，必先禱告聖火。	凡祭祀必先祭爟
婆羅門人食新米以前，必先供祭聖火。	獻新
犯重罪者不聽葬	兵者不入兆域
公餐	胙，享。
建城祭用純白牛	祭牲尙純
羅慕盧斯建城時，將從他的故鄉帶來的土放在溝中。	封國受土自天子
羊，豕，牛三種同時用，爲祓洗禮的習慣。	太牢
界石	封疆
王兼有政權教權	祭與政皆由邦君
貴族	世族
客人	庶人
奴隸	皁，輿，隸，僚，僕，臺，圉，牧。
軍隊只有騎兵或乘車的甲士，後始有步兵。	先有車戰，後始有步卒。

出征必先集合，由大將祭禱。	治兵於廟
出征必載着神像及邦火	出征必載主
戰前必占卜，吉則戰，否則否。	戰前必卜
凱旋時往廟中祭祀，獻勝利品。	入而振旅獻俘
放逐	放逐
殖民	封建
主教每月初一宣布每月的佳節。	告朔
邦忌，公共生活皆須停止。	甲子不樂
各邦皆有記載禮儀的書	禮記
法律最初並無寫本，後雖寫出亦甚祕密。	晉鑄刑鼎，孔子譏之。
各邦皆有史記，由教士掌管。	各國寶書，亦由太史氏掌管。
積木斧	殳

右中國及希羅古代相同制度共若干條，其詳皆散見前九篇中。古朗士書，第一章言古邦的信仰。第二章言家族。第三章言邦，卽古邦的起始及興盛時代。第四章言革命，卽古邦的變化時期。第五章言思想改變，古邦殘毀，卽古邦的衰落時期。由始至終，詳贍無遺，足爲古代社會研究著作的典式。我這篇序只雜列中國與西方的相同各節，既無古朗士的謹嚴，且學殖荒落，所獲有限。而兩年來顚沛流離，爰止無所，幾乎無書可供

參考。多憑記憶，難免舛錯，尚希史學界多加糾正。並且希望古史學家對篇中提出諸問題加以指教。

中西相同的有這般多，我相信若細加研究，相同之處當尚不止此。漢族與西方民族同源之說，歐西學者曾屢經嘗試。或以爲與埃及有關，或以爲與巴比倫有關。但證據皆甚薄弱，且時常只用孤證，從未見這般多的相同。以上這些條內，或者若干項是人類進化的普遍現象。但「祀火」一節，如埃及、巴比倫等古民族並未通用。然亞利安族則與漢族相同，且由祀火而出的各種制度亦相同，尚能對這些說漢族與亞利安族毫無關係麽？史學家將這些問題，若加以研究，不止研究希羅古邦史能對我國古史有貢獻，並且能反過來，用我國古邦史，對希羅古邦隱晦地方，亦有所說明。如此則對人類通史的幫助，眞不算少。

這部書在去年上半年已經譯完，下半年完全做修改及整理的工作，並將人地名等加以注釋。最初我以爲注釋甚易，其實這步工作繁難異常，所費的時間比譯全書不少。至於序中各節，草創多在去年，寫出則始自今歲。附記於此，以識譯此書的始末。

民國廿四年五月。

中國古代圖騰制度及政權的逐漸集中

上篇

據最近歐美學者的研究，我們現在頗能明悉澳洲、美拉尼西亞、美洲各地土人的社會組織。爲文字便利起見，就統名這類社會爲原始社會。但讀者不可因此就信爲這是人類最古的社會，其實並不如此。這只是一種較有史時代起始時的任何社會皆低的社會。假使人類進化是有一個總方向的，那麽這類社會的研究足供史前社會的推測、比較，亦因此而能說明有史社會的若干現象，說明他們的來源，只憑歷史記載既不能得到史前社會的彷彿，亦無從說明有史時代的事實，以此，民族學的材料彌足珍貴。這篇文字並非欲簡括報告原始社會的普遍研究，只欲以原始社會的若干事實與中國古代社會若干遺痕比較觀看，以證明我國史前時代有否圖騰社會，若有，則更進一步再觀察由圖騰社會進至政權個人化的社會的階段如何，這就是本篇的目的。

先須說明何爲圖騰社會。原始社會組織的最小單位，常是一種非地域的團體。方人類未入農業時代，方游牧而未定居之時，遷徙無常，與地域的關係較少，不能以地域爲團結的理由、特性，亦屬自然。於是這種團體的團結在于共事一種圖騰。圖騰多係生物，「普通是動物或植物。這個團體自信出自圖騰，圖騰既做徽幟，亦做他們共有的姓。若圖騰爲狼者，各員皆信他們曾有過狼祖，他們亦各有狼性。於是他們就自稱爲狼的。」（杜爾幹 Durkheim 著亂倫的禁止 La prohibition de l'inceste 2—3 頁）這種團體卽民族學上所謂圖騰團（Clan.）。

去年我在釋生姓性旌及其他文中，已經說明圖騰實在卽我國所謂姓。左傳隱公八年：

衆仲對曰：天子建德，因生以賜姓。

說文解字女部：

姓：人所生也。

曲禮：

納女於天子，曰備百姓。鄭注：姓之言生也。

白虎通姓名篇。

姓者：生也，（者字抱經堂本據御覽增）人所稟天氣所以生者也。

足證姓固然一方面代表人的姓名，另方面代表人所自出，「人所生也」。公穀定公四年：蔡大夫公孫姓，左傳作公孫生；書汨作、九共、稾飫序：「別生分類」，亦卽別姓分類；史頌敦，百姓；兮甲盤，諸侯百生；齊侯鎛，保盧百生，皆卽百姓。古代較原始字無偏旁乃其通例，這字同時表現圖騰的動作，是動詞而爲生育、生長。因爲同圖騰各員皆共認出自他們共事的圖騰（生），與圖騰有同質（性），故皆冠以與圖騰共同的名字，卽姓。

由此看來，姓卽是圖騰，圖騰團亦卽原始宗族，有史時代家族的前身。

何惟特（Howitt）在東南澳洲各部落內，共查出五百個圖騰名字，其中只有四十個非動植物；斯賓塞及吉倫（Spencer and Gillen）在澳洲北部調查過二百零四種圖騰，其中一百八十八種係動植物。足證圖騰以動植物爲多係常例。我國古代姓多半係動物或植物，尤足爲姓卽圖騰的有力證據。我在釋生篇中已經約略說及，茲再引古籍中幾個巨姓爲例。

（一）風姓　風姓似是中國最古的民族，或者愼重的說，中國最古圖騰團之一。風卽鳳，卜辭尙假鳳爲風（詳友人董彥堂先生甲骨文斷代研究例），足證商以前尙是一字。

說文解字鳥部：

鳳：神鳥也。天老曰：鳳之像也，鴻前麐後，蛇頸魚尾，鸛顙鴛思（顋），龍文龜背，燕頷雞喙，五色備舉。出於東方君子之國，翺翔四海之外，過崑崙，飲砥柱，濯羽弱水，莫宿風穴。見則天下大安寧。（按風穴卽鳳穴，正因鳳而得名。當時有人簡作凡穴者，更誤而爲丹穴，如左傳莊公二十二年正義及太平御覽所引者。亦有作丹宮，如初學記所引者。）

韓詩外傳八，天老對黃帝說：

夫鳳象鴻前麟後，蛇頸而魚尾，龍文而龜身，燕頷而雞喙，戴德負仁，抱中挾義，小音金，大音鼓，延頸奮翼，五彩備明，舉動八風，氣應時雨，食有質，飲有儀，往卽文始，來卽嘉成，惟鳳爲能，通天祉，應地靈，律五音，覽九德。

說苑辨物篇：

鳳，鴻前麟後，蛇頸魚尾，……龍文龜身，燕喙雞噣，駢翼而中注。

以上各書足證兩漢學者所保存對鳳的舊說皆略相同。因爲他是風姓所敬禮的圖騰，自然當有這般異貌，有這般威力，自然當是神鳥。原始人皆信圖騰有非常威力，所以鳳見則天下大安寧。他能在少時間飛行過這般多的地方，其速可見，因此亦名飄吹甚速之風（風雨之風）爲鳳。何況他原「舉動八風」，風姓或亦曾有「風從龍，雲從虎」（易乾）的相類說法，風之起卽由於鳳之飛，亦未可知。說文解字謂他「出自東方君子之國」，而風姓定居似亦未出中國東部，鳳乃風姓圖騰，似非無因。這團的始祖相傳是太皡。左傳僖公二十一年：「任、宿、須句、顓臾，風姓也，實司太皡與有濟之祀。」有濟卽有齊，亦風姓，乃風姓支圖騰團之一，以齊爲圖騰者。說文解字齊部，「齊：禾麥吐穗上平也。」其說近似而不十分的確。齊蓋特種禾的名稱，與秦同。（說文解字禾部，秦：一曰秦禾名。）其穗上平，乃象形爲齊，亦卽禾部釋稷之齋，或从禾，或省禾，實非異字。或者齊簡直是稷，風姓名禾爲齊，他姓則名禾爲稷，字的來源不同，禾的種類並非歧異。總之，無論那種解釋，齊總是禾，有濟以齊禾爲圖騰。齊地之得名卽因齊團之定居其地，濟水之得名亦然，各地名水名皆得自同名的圖騰，考證家常謂地自水得名，實在錯誤，水又何自得名呢？有濟在齊地，而任宿等國在魯僖公時亦仍在魯左近，傳說謂太皡都陳，亦去山東不遠，皆證風團自古卽在東方。我並且疑心少皡亦風姓支圖騰團之一的英雄。第一因曲阜乃少皡之虛，左傳定公四年：「命以伯禽，而封于少皞之虛。」足證少皞亦在東方；第二因爲少皞以鳥名官，而鳳鳥氏最尊爲曆正亦與風姓之鳳圖騰相合；第三因爲左傳昭公十七年郯子舉少皞諸官，謂爽鳩氏司寇也，而昭公二十年晏子謂爽鳩氏始居齊地，亦足證少皞所屬亦在東方；（關於少皞諸官，下文再討論。）第四因爲太皞少皞之太少似正所以分別先後，如商人之稱大甲小甲。少皞卽靑陽，乃皇甫謐說，不足信，史記戴記皆不如此，少皞屬風姓支圖騰團，而非屬姬姓支圖騰團，似頗近理。

（二）姜姓　姜乃以羊爲圖騰，其義甚明。因爲姜姬兩團的關係特別密切，所以我疑心他們最初乃部落中的兩部Phatry，與姬團同時討論，似較便利。羌亦卽姜，不過姜的進化較速，羌則較落後而已。晉有姜戎，亦係落後的支派。較早的姜團程度當與漢時西羌相髣髴，後漢書所記如下：

> 西羌之本，出自三苗，姜姓之別也。其國近南岳，及舜流四凶，徙之三危，河關之西南羌地是也。（河關縣屬金城郡。已上並續漢書文。）濱於賜支，至乎河首，綿地千里。賜支者，禹貢所謂析支者也。南接蜀漢徼外蠻夷，西北鄯善車師諸國。所居無常，依隨水草。地少五穀，以產牧爲業。其俗氏族無定，或以父名母姓爲種號。十二世後相與婚姻。父沒則妻後

母，兄亡則納嫠嫂，故國無鰥寡，種類繁熾。不立君臣，無相長一。强則分種爲酋豪，弱則

> 爲人附落。更相抄暴，以力爲雄，殺人償死，無他禁令。（後漢書西羌傳）

羌乃姜姓之別，係沿用續漢書舊文，這句話頗爲重要，足證兩姓的同源；不立君臣，足證他們彼時尚係平等社會，尚未有首領出現；其俗氏族無定，蓋因他們尚未脫離母系時代，尚姓母姓，父子不同姓，在漢人以父系社會眼光觀之，自然以爲無定。但已能用父名，則社會已漸向父系轉變。最重要的在無君臣，而同時社會方在母系父系之際，這與多數原始社會父系與首領同時出現，亦頗相合。納嫠嫂乃兄弟共妻制 Levirate 的遺痕，亦原始社會常行的習慣。

（三）姬姓　姬之意義頗隱晦，其文古作𦣞，與茝同字，我在釋生篇已經說過：茝乃虈之別名，或亦用植物爲表識者。說文解字艸部：

> 茝，虈也。又虈：楚謂之蘺，晉謂之虈，齊謂之茝。

此外離騷：豈維紉夫蕙茝。注：蕙茝皆芳艸也。但莊子至樂：頤輅生乎食醯。司馬彪以爲蟲名。列子天瑞釋文亦以爲蟲。𦣞乃芳艸較爲近似，因頤輅雙名而非單名頤。不論𦣞到底確係動物或植物，但他確係代表姬姓圖騰而未離開動植物，則無疑義。澳洲中部土

人所畫圖騰總是完全符號的，永未想實地表現圖騰的眞正形狀。外人觀之，甚難看出他所代表的究係何物，若非其團的老人，亦不能解說明白。（弗萊塞 Frazer 著圖騰制度及外婚制 Totemism and Exogamy，第一册，一九八頁）觀此，則由圖騰的符號以推測圖騰原物，常係極困難之事。欲明姬姓的原圖騰究係代表何物，實甚困難，亦是自然的了。

姬姓自古在中國西部，成王滅殷踐奄後，封伯禽于魯，其勢力始達中國東部。卽姜姓似乎最初亦是西方圖騰團，後與姬姓同時東漸者。水經注渭水篇：「岐水又東逕姜氏城南爲姜水。」足證因姜圖騰而得名的姜水及姜氏城皆在陝西，姜團的勢力範圍亦在西方。原始社會每個部落常分二部或四部，每部各包括若干圖騰團。據杜爾幹的研究，部最初亦是個圖騰團，後因分析作用，化分爲若干團，但這些團未曾忘記從前的舊關係，遂發生團與團的新聯絡而成部。因此從前團內實行的外婚制，現在更沿行至部內。凡同部各團間不准通婚，異部各團方准通婚。並且最初異部落各團不容易接觸的時代，通婚只能在同部落各部內。北美初民社會部落中常分若干部，部再分爲若干團，團常再分出支團 Sub-Clan。這些有時甚易看出顯係分化作用，若毛希坎人 Mohican 的狼部下分狼、熊、狗、貔團；龜部下分小龜、泥龜、大龜、鰻鱺團；吐綬雞部下分吐綬雞、鶴、小雞團。狼部分出各團皆係獸類，龜部分出者皆係水族，吐綬雞部分出者皆係禽類。固然甚多部落的部與團名不必若此整齊，但其屬分化則同。圖騰團既係宗族的前身，團之分支團亦若宗法社會的同姓再分出各宗，團名（或部名，部亦係團也。）卽姓，支團名卽氏。部以統團，團以統支團，等于同姓統同宗，同宗統同族。我曾在釋生篇舉出姜姬兩姓婚姻之頻繁，姬姜頗似部落中的兩部，每部各有若干團。姜部中有呂團，所以齊太公有時曰呂尙，有時曰姜尙。春秋之齊蓋出自姜部呂圖騰團，觀齊姜之稱（魯文姜、衞宣姜等），則齊確姓姜，但周書顧命：

> 太保命仲桓南宮毛俾爰齊侯呂伋以二干戈、虎賁百人，逆子釗于南門之外。

左傳昭公十二年，楚子說：

> 昔我先王熊繹與呂伋、王孫牟、燮父、禽父，並事康王。

則呂伋乃西東周的通稱。不稱姜伋而稱呂伋，卽因他屬于呂團。姜姓尙有申紀許諸國，但不能據此遂說姜部中亦有申紀許諸團。圖騰團定居于某地之後，其地亦因此而得圖騰的名字，所以根據地名，我們常能推測以前的圖騰及圖騰團。但某圖騰的定居於某地，卽某地始稱某名（卽圖騰名）之時常距離古代記載或器物上（自然現在所能看見的記載或器物）初次見這地名時已甚遼遠，其間常已經過多次變化，時常這姓經過地域化而變爲地名的圖騰，又因他姓之代居其地，而變爲另姓的氏。雖然後來的氏姓已失其圖騰性質，但廣義的看起來，亦可以說後者乃與前者現象相反，以前乃圖騰地域化（姓變爲地名），後乃地名圖騰化（地名變爲氏）。如此反覆，現在雖然能知道這尙係遠古的圖騰，但頗難確知他與何部或何團有關，這乃研究圖騰的最困難問題。我再引一例證，以說明上面所說的圖騰地域化及地名圖騰化的現象。

舜的圖騰是仁獸的騶虞，由堯舜的密切關係看來，虞團與唐團定居的地方當不甚遠，所以相傳春秋的虞國卽舜的舊地，似甚合理。（其詳見下祁姚姒條）於是虞圖騰地域化而虞地得名。後來周滅虞國，以封仲雍之後，遂爲西東周的虞國，姬姓的虞國遂以虞爲氏，於是地名更圖騰化而爲氏。幸而現存載籍中對舜與虞的關係，及周初封虞的故事，尙不十分殘逸，使我們尙能確知虞係姚姓的支圖騰團，而非姬姓的支圖騰團。假使記載殘逸，眞難確定虞屬姚姓抑屬姬姓，或者只知後段歷史，豈不信爲虞乃姬支圖騰團的麼？現在對各圖騰團演變史，能知道的實在是例外，經過歷世的兼倂，經過周初有系

一〇四

統的封建，各團的舊痕所餘無幾，這亦為研究時應當極矜慎的理由。

反回來再說呂申紀許。呂，說文解字呂部：

昔太嶽為禹心呂之臣，故封呂侯。

太嶽為禹臣之事，現在固無法證明眞假，但因為心呂之臣，就封呂侯，亦若趙破奴從驃騎將軍征匈奴有功，就封為從驃侯，這只是漢朝的方法。我以為呂卽閭，北山經：

縣雍之山，其獸多閭。注：卽羭也，一名山驢。

羭亦羊類，呂為姜部支圖騰甚合。上面說姜部中有呂團，因為周初呂尙呂伋已稱呂，則姜姓之呂非由周封建而來，為姜部固有圖騰的可能性比其餘皆高，故暫假定如此，並俟以後的證明。且周語亦說：「賜姓曰姜，氏曰有呂。」似非無稽。

至于紀，金文皆作己，其形類蟲，或亦以動物為圖騰者。申之金文作，乃以電為圖騰者，與陳似相類。許古作鄦，卽無，亦以樹木為圖騰者。這幾種是否曾經過圖騰地域化後再圖騰化的現象，現在無法證明，故對于他們是否姜姓素有的支圖騰團，現須闕疑。

炎帝黃帝似姜姬兩部的始祖，而政權集中後歷世首領仍沿襲其稱。炎帝黃帝並非一人的稱謂，所以傳記中或稱黃帝爲有熊氏，或稱爲縉雲氏，或稱爲帝鴻氏、軒轅氏，稱炎帝爲神農氏，或稱爲連山氏，烈山氏，魁隗氏，至爲紛歧，亦即因此。晉語司空季子曰：

> 昔少典取于有蟜氏，生黃帝炎帝。黃帝以姬水成，炎帝以姜水成，成而異德，故黃帝爲姬，炎帝爲姜。

這不與誇求特魯 Kwakiutl 的神話相似麼？誇求特魯的兩部：圭第拉 Guetela 及荀謀因 Gomoyne 相傳是雙生子，一人食其母右乳，一人食其母左乳。大衞 Davy 以爲這是極簡單的最初部落中的兩部，神話卽兩部的回憶。（從圖騰團到帝國 Des Clans aux Empires，卷上，第三章。）這尤足證姬姜舊係兩部，兩姓關係的密切由來已古。

(四)祝融八姓　表示圖騰團最明晰者，莫過于祝融八姓。史記楚世家：

> 其長一曰昆吾，二曰參胡，三曰彭祖，四曰會人，五曰曹姓，六曰季連，芈姓，楚其後也。

鄭語：

> 祝融亦能昭顯天地之光明以生柔嘉材者也。其後八姓，於周未有侯伯。佐制物於前代者：昆吾爲夏伯矣，大彭豕韋爲商伯矣，當周未有。己姓：昆吾，蘇，顧，溫，董；董姓：鬷夷，

豢龍，則夏滅之矣。彭姓：彭祖，豕韋，諸稽，則商滅之矣。秃姓：舟人，則周滅之矣。妘姓：鄔，鄶，路，偪陽；曹姓：鄒，莒；皆爲采衛，或在王室，或在夷狄，莫之數也，而又無令聞，必不興矣。斟姓無後。融之興者，其在羋姓乎。

大戴禮帝繫：

顓頊娶于滕奔氏，滕奔氏之子謂之女祿氏，產老童。老童娶于竭水氏，竭水氏之子謂之高緺氏，產重黎及吳回。吳回氏產陸終。陸終氏娶于鬼方氏，鬼方氏之妹謂之女隤氏，產六子，孕而不粥，三年啓其左脇，六人出焉。（世本：剖其左脅，獲三人焉；剖其右脅，獲三人焉。）其一曰樊，是爲昆吾；其二曰惠連，是爲參胡；其三曰籛，是爲彭祖；其四曰萊言，是爲云鄶人；其五曰安，是爲曹姓；其六曰季連，是爲羋姓。……昆吾者衛氏也，參胡者韓氏也，彭祖者彭氏也，云鄶人者鄭氏也，曹姓者邾氏也，季連者楚氏也。

據鄭語則昆吾爲己姓。彭祖彭姓，楚羋姓，及曹姓，皆甚明顯。帝繫稱鄶人爲云鄶人，則鄶人妘姓亦無問題。鄭語在此外尚有董姓、秃姓、斟姓。韋昭注：董姓己姓之別，秃姓彭祖之別，斟姓曹姓之別。史記索隱引宋忠說：參胡國名，斟姓無後。鄭語謂斟姓無後。斟姓即參胡團的圖騰，韋昭謂係曹姓之別恐誤。足見這最初是六個圖騰團，加以董姓、秃姓、二支圖騰團，而成祝融八姓。茲簡括爲表如下：

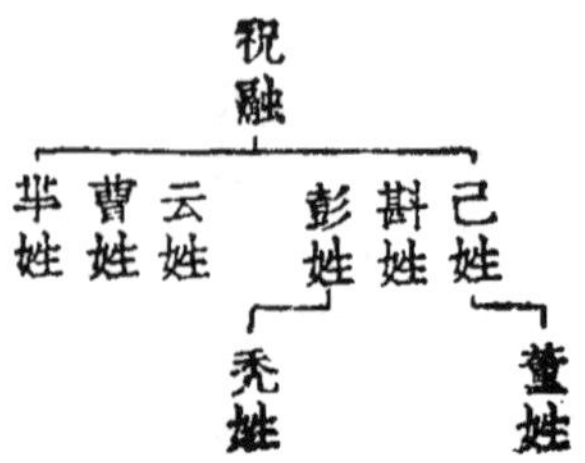

己金文作己，與紀字同。上文講姜姓時，我已經懷疑紀非姜姓的支圖騰團，觀此則我的懷疑未嘗無理。紀地之得名蓋由於己姓之始定居其地。周初封姜人於紀，後來姜姓之有紀氏，因紀地地名之圖騰化，而非姜姓素有紀支團，定居後因名其地爲紀。初研究圖騰問題時，頗疑用同物爲圖騰者不必屬同團，譬如祝融後有己姓，姜姓亦或有己團，雖皆以己爲圖騰，而非同團。原始社會團體甚多，而物之能作圖騰者非無量，則有兩團，甚而至數團，同用一物爲圖騰，自非不可能的事實。但細研究後，這說似是而非。一團的圖騰爲一團各員所自出，各團員亦因此而互相團結，亦表示此團與彼團的不相同。若兩團相鄰而用同圖騰符號者，兩團自然合而爲一。根本無異團同圖騰的存在。若兩團相隔甚遠而用同物爲圖騰者，兩團的語言不盡相同，表示圖騰的圖畫（即最原始的文字）不盡相同，圖騰的物形雖同，然在文字上的形聲皆不相同，所以在文字上看，異團不能有同圖騰，文字上圖騰同者必係同團。請再舉實例爲證。譬如莒以芋爲圖騰，（說文解字艸部，莒：齊謂芋爲莒。）邘亦以芋爲圖騰者，物雖同而字形則呂與于不同。自然地名圖騰化的現象除外，但這種乃圖騰地域化以後的現象，未地域化以前並不曾有。

晉語司空季子說：「黃帝之子二十五宗，……爲十二姓。」內有己姓在內。上文講姬姓時所以未提及者，卽因我對這句話甚懷疑，以爲較晚理想的組織。表面看這頗似姬部的十二團，但如己姓就頗發生問題，顯然與祝融團的相似。照上面所說，這現象就不應有。東周時固然有同氏者，如鄭有孔氏（公子嘉之後），宋亦有孔氏（孔父之後），但這旣係周代文化已漸統一以後的現象，亦係以祖父字爲氏以後的現象，這時已距圖騰社會甚遠，不能與初民並論。恐怕就因爲氏常有重複，所以周人重視「辨姓」，由辨姓看來，亦能反證姓在文字上係絕重複的，否則辨氏已足，辨姓不比辨氏優越且更有把握了。所謂姬團諸宗，下文當分別研究其圖騰，茲仍探討祝融團。

董卽重，董姓旣係己姓之別，與祝融團出自重黎之說，亦相符合。重童古亦係同字。說文解字辛部：奴曰童。祝融團旣係黃河流域舊姓（其說見下），後他團佔據其地時，這團降爲被統治的階級，所以名最下級之平民爲黎民（堯典：黎民於變時雍），而謂奴隸爲重（童）。董之圖騰究係何物，雖難窺測，但左傳昭公二十九年蔡墨說：

古者畜龍，……（董父）實甚好龍，能求其耆欲以飲食之，龍多歸之，乃擾畜龍，以服事帝舜。帝賜之姓曰董，氏曰豢龍。

凡屬某圖騰團員，能知事其圖騰之道，在近代初民社會中亦常見之事。董父能求龍的嗜欲，龍係他的圖騰，乃極可能的事。並且龍爲靈物，古人極重視之，亦必係古圖騰之一。說文解字謂龍童省聲，則兩者有關，似非無因。

云卽妘，金文皆作嫄。鄭風疏：云員古今字。固然難知道他代表何物，由[illegible]形看來，或亦蟲類？

禿：說文解字禿部：

禿：無髮也。从儿，上象禾粟之形，取其聲。

實在禿象禾秀之形（段茂堂謂粟當作秀），人無髮乃後起的引申義。段茂堂說：「其實秀與禿古無二字，殆小篆始分之。今人禿頂亦曰秀頂，是古遺語。」最初禿團當以禿（禾）爲圖騰，亦如秦團之以秦禾爲圖騰，齊團之以齊禾爲圖騰者。初民社會團員時常有特別裝飾，如北美印第安歐馬哈人 Omaha 的水牛團兒童將頭髮剃成兩團，以表示水牛的兩角；鳥支團人額上留髮一蕞，表示鳥喙，頂後一蕞表示鳥尾，兩耳上各留一蕞表示兩翼；龜支團人留髮前後各一蕞，左右各二蕞。以表示頭尾及四足。（道爾賽 Owen Dorsey 著歐馬哈社會學 Omaha Sociology 229,238,240頁）禿團想亦類此，習俗將髮剃禿，所以他團見無髮的人亦謂之曰禿。

彭斟兩團的圖騰甚難確知。顧卽鼓（王靜安說），顧與彭同屬祝融團，而彭又訓鼓音，彭的圖騰與鼓所表現的或不無若干關係。彭的初義亦必與鼓相類，而鼓音乃引申之義。斟从甚，疑卽葚，以桑葚爲圖騰者。

據左傳載寒浞滅相時，同時亦滅斟灌斟鄩，少康復國時亦深得這兩國人的幫助。這兩個名字皆含有「斟」字，對此有三種假設如後：第一個假設：斟灌、斟鄩皆係斟團的支團，斟所以表示他們皆出自斟團，灌與鄩係支圖騰以互相區別者。在他團中亦曾見此例，如左傳文公十四年有舒蓼，成公十七年有舒庸，襄公二十四年有舒鳩，卽所謂假姓的羣舒，舒係總圖騰，蓼、庸、鳩係支圖騰以互相區別者。第二個假設：斟所以區別灌及鄩與其他灌及其他鄩者，如楚所都之郢亦稱紀郢（水經注沔水篇：楚昭王爲吳所迫，自紀郢徙都之（鄀））」，所以區別於其餘郢。第三個假設：灌鄩雖非斟的支團，但這兩團的人皆曾與斟團通婚，後人因取母姓的斟與父姓的灌鄩相合而成斟灌、斟鄩。這種亦曾有例證。堯姓伊祁氏，帝王世紀曰：「帝堯陶唐氏，祁姓也。……或從母姓伊氏。」這書所載雖常不足靠，但從母姓乃父系制度未行時舊俗，此言必有所受，否則皇甫謐處父系社會發達已經千年以後，決難理想當時型範以外的社會而強造。總起來說，由前個假設，斟灌、斟鄩皆屬斟團；由第二個假設，則灌鄩皆在舊斟團所定居之地；由後個假設，灌鄩與斟係甥舅之團。杜預謂灌鄩皆夏同姓，其言想據世本，若果足信，則夏與祝融團或係共祖(1)，或者地理上極相錯綜(2)，或係甥舅之團(3)，皆更爲姒團與祝融團的密切關係多一佐證。

曹，金文作[女棗]，則以棗爲圖騰者。

羋，說文解字釋爲羊鳴，我以爲羋的初義是一種羊，甚而就是羊。姜姓謂羊爲羊，羋姓謂羊爲羋，實是同物。羋象羊形，而音則取其自呼之聲，所以同時亦謂羊爲羋。

他們有種共同關係，亦可說有種共同觀念，即認祝融爲共祖。祝融即始祖的稱號，亦即政權初集中時團首領沿襲的稱號，觀重黎及吳回皆曾號祝融，則非人名可知。祝及父皆原始社會首領的稱號，其意與工、巫等字相似，不過這團名爲父，那團名爲祝(兄)，另外有些團名爲工、名爲巫而已。後來各團文化互有交換，政權亦更集中而愈有等差，於是父變爲高級，祝變爲較低。父係首領而非血統的父姓，祝卽兄，釋主篇已經詳細說明，茲不再贅。或者首領之有祝稱，始自祝融，後始爲他團所採用，但現在史料無從證明這節。六個圖騰團既有共祖，或者最初皆同時或陸續出自一個較原始的圖騰團。這個較原始的圖騰團的圖騰今不可知，或者卽後來分出的六個圖騰團中圖騰之一。這假設若能成立，則妘、己兩圖騰的可能性較高。毛詩譜：

（檜）昔高辛氏之土，祝融之墟，歷唐至周，重黎之後妘姓處其地。

墟卽虛，卽丘，觀商丘以商圖騰團定居其地而得名，帝丘以顓頊圖騰團定居其地而得名，則祝融之虛卽以祝融圖騰團始居其地而得名無疑。左傳哀公十七年：

登此昆吾之虛……公入于戎州己氏。

此時衞已自楚丘遷於帝丘，則帝丘亦昆吾之虛，且其左近有己氏，亦必昆吾的遺民，足證昆吾的舊居實在衞。帝丘亦顓頊之虛，而祝融八姓亦自謂出自顓頊，（離騷首卽謂「帝高陽之苗裔」，屈原楚之宗室，亦卽祝融之後，自陳祖典，似不應僞，且與史記帝繫亦合。）則八姓最初必在衞左近。所以說妘己兩姓皆有較原始圖騰團的資格。茲爲愼於起見，仍名爲祝融圖騰團，其後分爲六團，其中三團更分出三或二支圖騰團。

（韋昭注鄭語謂斟姓曹姓之別，但宋衷注世本謂參胡斟姓無後，據韋則三支團，據宋則二支團，宋較近似。）

世本說「剖其左脅，獲三人焉；剖其右脅，獲三人焉。」所載與帝繫不同。若照這說，祝融團最初頗似有兩部的組織，即己、斟、彭爲一部，員、曹、芈爲一部。前者或即己部，後分出斟、彭兩團；後者或即員部，後分出曹芈兩團。後斟、彭、曹、芈漸成獨立團而與己員並立。這說頗能解釋何以己員兩圖騰有更較原始圖騰的資格。若這說果係舊傳說，假設即能成立，則我所謂祝融團者實在是一個部落，其下更分兩部，而非一個團了。

帝繫謂「昆吾者衛氏也，參胡者韓氏也，彭祖者彭氏也，云鄶人者鄭氏也，曹姓者邾氏也，季連者楚氏也。」各氏字世本皆作「是」，則其意謂昆吾所居即後之衛地，參胡所居即後之韓地，其餘亦莫不若此。由此頗能窺見地理上的分佈。但我意祝融團較早實在黃河左近，團聚於東周的衛鄭兩地及其左近。己團在衛，員團在鄭，前面已經言及。衛有楚丘，卜辭中亦有「伐芈」之文，芈想亦係在衛左近。楚地之得名即由於楚團之定居其地，由後來南方之楚係芈姓，能悉楚團與芈團有相當關係，或楚團乃芈團支圖騰團之一，從前皆在衛地左近。曹地之得名卽由於曹團之定居，雖然西周封叔振鐸之曹（曹都在今定陶縣），亦距衛不遠（楚丘在今滑縣東十里），但我以爲較前曹團定居地距楚丘尤近，當在衛之漕邑。邶鄘詩屢言漕邑（泉水載馳），亦卽左傳閔公二年所謂「立戴公以廬于曹」之處。據鄘風定之方中傳，謂「升彼虛矣，以望楚矣」之虛卽漕虛，則其地距楚丘不遠。楚丘，杜氏謂在晉代濟陰成武縣西南。此曹在衛東境（今滑縣南二十里），卽曹團初定居之地，後更東遷，而至西周曹國之地。曹漕初無二字，後爲辨別兩地而加水旁爲漕。至於彭團，漢書地理志謂「彭城，古彭祖國。」固然彭城去曹不甚遠，但我疑彭團較早亦在衛左近，彭城係被商人逼迫而退處的地方。詩鄭清人：

清人在彭。傳：彭，衛之河上，鄭之郊也。

此詩序據左傳閔公二年，實指狄侵衛，鄭文公使高克戍河上之事，則彭在鄭衛之間，臨河之地，似甚合理。此卽彭團舊處之地。固然左傳昭公十二年，楚靈王曾說：「皇祖伯父昆吾，舊許是宅。」許在鄭楚之間。我們雖未能確知昆吾居衛居許之孰先孰後，但楚王之說僅據以聲明楚對鄭所佔舊許地的舊權利，所以說昆吾宅許而不提及昆吾居衛，不能以此遂斷昆吾先居許也。現對祝融團各支，除參胡以外，己、彭、員、曹、芈，莫不曾屯聚衞鄭兩地，由以上所說足證。只參胡韓氏曾入於山西，周時司寇蘇公之後封邑內有温、樊，（左傳隱公十一年）鄭語謂蘇、温皆己姓，固然現在不確知蘇公是舊居其處抑武王所始封，但樊之得名明明由於昆吾團，則其地似久已有己姓。祝融團似沿河西上以至於韓者。總之，較古之時，祝融團尙屯居黃河左近，北以衞（帝丘）爲中心，南以鄶（祝融之虛）爲中心。確係中國的舊民族。並且他們與夏的關係甚密，雖不能說以前出自同團，但頗似極密切的鄰居。逸周書嘗麥解：

皇天哀禹，賜以彭壽，思正夏略。

而己團之昆吾及顧，彭國之豕韋，皆於商滅夏桀時同被翦滅。（商頌長發：韋顧既伐，昆吾夏桀。）祝融團的南奔亦必在此時。周之滅商乃東西兩集團分勝負的決戰，爲中國古史上極重要變動，現在學者已經注意到這層；商之滅夏亦與此有同等重要，但尙無人注意到。商舊係北方（現在河北的北部以至於中國東北部）的居民，這層下文講商的玄鳥團時當詳細說明。商人逐漸南下，不只與夏衝突，且與夏的友團祝融團衝突。商之滅夏同時亦滅祝融團，這是南北兩集團的決戰。祝融團中有一部份被商人所征服，所以衞尙餘有己姓，鄶尙餘有員姓，曹邾尙有曹姓。其餘則紛紛南竄。史記楚世家謂「熊繹居丹陽。」徐廣曰：「在南郡枝江縣。」輿地志：「秭歸縣東有丹陽城。」秭歸漢亦屬南郡，則熊繹所居丹陽，實在枝江秭歸間，漢書地理志誤以為丹陽郡之丹陽。固然熊繹所居不能說即芈團最初所竄之地，但地理志南郡尙有邔縣，顯然因己團竄居其地而得名；並且東周的鄖國當係員團竄居之地，括地志云：「安州安陸縣城，春秋時鄖國城。」漢時安陸屬江夏郡，而地理志江夏郡尙有邾縣。顯然員團及曹團的邾支團亦皆南竄至漢江夏郡地。或者有人引地道記：「楚滅邾徙其君此城，」（後漢書郡國志注引，水經注亦有此說。）以為邾非商初南竄而係周末南遷。無論段茂堂對此說已認為不合（說文解字段注邑部邾下），縱令其確實，在全盤上亦不能推翻上面假設。這只說邾團而未涉及其餘。且鄖國自東周之初已自在南，其處並有鄖水，其得名亦自員團；楚更久已在南方。總之，仍足證祝融團因商滅夏而由黃河流域南徙至江漢流域（漢南郡江夏郡地）。我疑心彭團亦由於此時東南遷，至於彭城。不過彭團的力量尙不過弱，所以當商世尙能稱霸。

商與祝融團的鬬爭，與商朝相終始。卜辭中有「伐鼓」（即顧，王靜安說）、「伐之文，對祝融團的遺民尙不斷的逼迫，亦足證祝融團遺民尙不斷的反抗。彭國至商所滅。商頌殷武「撻彼殷武，奮伐荊楚」之文，有人疑為宋襄公時所作，但若細審商及祝融團的對抗狀態，則商朝曾討伐楚，亦非難能之事。以此作商頌年代問題的佐證，亦不甚充分。

鄭語「曹姓：鄒，莒」這句話頗啟發我上文所提及的己姓問題。這問題的錯誤似如下者，這只是後人未明白圖騰地域化及地名姓氏化的雙層現象而發生的誤解，不必是有意的作僞。上文講過少皞曾居山東，其間自能有少皞團的支團，莒似卽支團之一。莒支團屯居莒地，其地因此得名。這支團以莒爲圖騰，卽姓莒而非姓己。後己姓奪其地遂成東周的莒國，這後莒姓己而非姓莒。（所謂東周的莒國，並非說己姓奪莒地卽在東周時，事實並不如此，左傳隱公二年正義引世族譜稱武王封茲輿於莒。然則其建國至晚在西周之初。至於前莒，莒或依圖騰，或係支圖騰，現皆難確說。）觀左傳中魯孟穆伯所娶莒女皆姓己，則後莒國確係己姓，國語稱爲曹姓，蓋因己曹皆屬祝融團而誤記。後人一方面知前莒係少皞後（少皞團支團），另一方面知後莒係己姓，但昧於圖騰演變的雙重現象，誤認前莒卽後莒，遂以少皞爲己姓。再因他種原因誤以少皞爲黃帝之子，己姓遂變爲黃帝二十五宗之一，自然不成問題了。我深信古史上不少錯誤皆由這種前莒後莒問題所造成，這問題實在太使人迷離惝怳了。

商與祝融團的交惡更有間接證據。春秋時魯兩次獻俘於亳社。昭公十年：

　平子伐莒，取郠，獻俘，始用人于亳社。

哀公七年魯伐邾：

　以邾子益來，獻于亳社。

亳社乃商人的社，因為魯的國民係殷遺民，所以魯有亳社。但何以屬姬姓的魯人獲勝不獻俘於周社而獻於商人的亳社？杜氏以其（邾）亡國與殷同，這眞是謬說。獻俘所以媚神，若獻邾俘只為的他亡國與殷同，這只能使殷的亳神認為奇恥，豈不發生相反的結果？固然魯的平民係殷人，但打勝仗不只由於人民的力量，統治者的力量尤甚，在孟子的民為貴學說或其相類思想尚未發生以前，各邦的思想自然如此。那麼，統治者係姬團，獻俘於周社不更合理麼？我的解釋如下：邾莒皆屬祝融團，而祝融團與商人為世仇，在商朝曾屢受逼迫、戰敗，商人的神對祝融團曾有幾百年的積威；魯在伐邾伐莒以前必曾禱過亳社，欲假商圖騰的威靈，征克素畏他的祝融團。果然戰勝，自然不能不謝神獻俘於亳社而不於周社了。

並且伐莒的季平子亦曾因逐昭公而禱過煬公，後昭公果被逐而薨於外，煬公接受了季平子的請求，顯了威靈，所以季平子又將已毀的煬宮重建起來。（左傳定公元年）季平子何以禱於煬公？據史記魯世家：「伯禽卒，子考公立；考公卒，弟煬公立。」考公是大宗，煬公是小宗。自煬公以下，魯君皆係小宗的子孫，而非大宗考公的子孫。以小宗代大宗，煬公是魯史第一人。季氏與昭公比較，他是小宗的季友之後，昭公是大宗的莊公之後，季平子想逐昭公，亦希望如煬公之以小宗代大宗，所以他禱於煬公。爲以小宗代大宗，就乞靈於第一次小宗代大宗的煬公；爲伐祝融團的郲莒，就乞靈於素爲祝融團所畏懼的商人的亳社，兩種心理仍舊相同。觀季平子立煬宮的舉動，就能明白上面對郲莒的假設並非完全想像的了。

（五）祁姚姒　除以上各姓外，古史中曾佔重要地位者，尚有堯舜禹湯等帝王，現尚須詳細研究他們的圖騰。

記載中謂堯祁姓，舜姚姓，夏姒姓。欒桓子娶於范宣子曰欒祁。（左傳襄公二十一年）范宣子自稱陶唐氏後，則祁係陶唐的姓。舜姚姓見說文解字。夏姒姓見於周語史記，而禹後之杞亦姒姓。

若祁字字形未變，則示乃祁姓的圖騰。說文解字示部：

示：天垂象，見吉凶，所以示人也。从二；三垂，日月星也。

示之初義不必如此複雜，想與天上的自然現象有關，示之爲圖騰，亦如申之以申（電）爲圖騰者。由祁姓的圖騰而變爲普遍的神的名稱，乃由私名變爲公名，亦文字演變的通例。祁在春秋時爲晉祁奚封邑，在現在山西，距唐不遠，亦足證祁團久以山西爲其勢力範圍。

姚或即桃，以植物爲圖騰者。水經注涑水篇：「（洮水）東出清野山，世人以爲清襄山也。……然則涑水，殆亦洮水之兼稱乎？」後漢書郡國志：「聞喜，邑有洮水。」左傳昭公元年亦謂「臺駘能業其官，宣汾洮」，洮水亦在汾水左近。水之得名既由姚團，姚團的勢力範圍亦在山西。

姒我在釋生篇中曾據吳淸卿說，以爲姒即始，而姒的圖騰爲枲。但我細研究這問題，有另種解釋更比較合理。論衡：

禹母吞薏而生禹，故夏姓曰姒。

史記正義引帝王世紀：

（修已）又吞神珠薏苡，胸坼而生禹。

帝王世紀這書所說雖常不可信，但有論衡作證，似尚係舊說，而非完全僞造。這與玄鳥生商變爲簡狄生契的故事曾經過同類演變。（玄鳥演變見後商條下）由此可上溯至這故事的眞面目，卽苢生姒姓。且舊說亦有以薏苡生指禹之先輩者，白虎通姓名篇引刑德放：

禹姓姒氏，祖昌意以薏苡生。

昌意及禹皆生自苢，足證其先必有苢生姒全體之說，而不專指禹。不過苢最初似指芣苢而非薏苢。說文解字艸部：

蓄：蓄苢。

苢：芣苢，一名馬舄。其實如李，令人宜子。

逸周書王會解：

康民以桴苢者，其實如李，食之宜子。

漢人或常見薏苢，少見芣苢，或漢時芣苢的名稱已改，遂以苢爲薏苢。其實姒之圖騰當係芣苢，因爲他係圖騰，姒姓皆出自他，所以說他令人宜子。芣苢令人生子之說，由來已古，所以凡說芣苢，卽令人想到生子。毛詩序：

芣苢，后妃之德也，和平則夫人樂有子矣。

一二二

毛傳：

芣苢，……宜懷任焉。

芣苢所以宜子的緣由，卽因爲他是姒姓的圖騰，彼時社會深信凡某圖騰團團員皆係某圖騰所生，修巳既吞苢而生禹，而生姒姓，則苢自然令人懷姙。最初苢只宜生姒姓，後擴充至於全人類，自然普遍的宜子了。所以本草說「車前子，……令人有子，……一名芣苢。」或者有人以爲令人有子這話實在荒唐，減輕其說，而變爲毛詩草木疏的「其子治婦人難產」了。芣苢之治難產，並非科學的經驗，而出自圖騰的信仰，足證圖騰社會的研究，不只與社會重要制度有關，且下至醫藥，亦不無影響，然則這研究的重要愈足見了。

祁姚姒圖騰團各有支團，譬如唐虞夏。

這支團的圖騰如下：

唐　詩桑中：

爰采唐矣，沬之鄉矣。毛傳：唐蒙，菜名。

爾雅釋草：

唐蒙女蘿；女蘿，兔絲。

是唐乃植物。且桑中下章所言爰采麥，爰采葑，皆係植物，則唐同類亦甚合理。

虞　說文解字虍部：

虞：騶虞也，白虎黑文，尾長於身，仁獸，食自死之肉。

毛詩召南騶虞：

于嗟乎騶虞！毛傳：騶虞，義獸也，白虎黑文，不食生物，有至信之德則應之。

足證虞是異獸，與上文所說鳳姓的圖騰鳳的怪異相類。鳳爲天下有道方出，而虞亦應至信之德，愈見圖騰的威顯了！

夏　說文解字夂部訓夏爲「中國之人」。以夏稱中國人已含有統一觀念，初民決不能有，自然係後起之義。夂部尙有兩篆：

夒：貪獸也，一曰母猴，似人，从頁，巳止夂其手足。

夔：神魖也，如龍，一足，从夂，象有角手人面之形。

夏之初義當亦與此相似，乃獸類，字乃象形，亦卽夏的圖騰。政權集中後，更經過屢次的擴充與兼併，夏方有夷夏的意義，說文所舉的是廣義。

唐虞夏皆非一人所獨稱。夏乃夏后氏所共號，為人所週知，不必再絮說。虞則左傳襄公二十五年：

昔虞閼父為周陶正。

哀公元年：

（少康）逃奔有虞，為之庖正，以除其害。虞思於是妻之以二姚，而邑諸綸。

虞思之女姓姚，則虞思亦姚姓，與舜同。虞閼父為陳之始封君胡公之父，陳係舜後則閼父亦舜後。以上皆足證虞係共有的圖騰，而非私人的圖騰。

左傳襄公二十四年：

（范）宣子曰：昔匄之祖，自虞以上為陶唐氏，……在周為唐杜氏。……杜注：周成王滅唐，遷之於杜，杜伯之子隰叔奔晉。

則唐亦係共有的圖騰，而非個人圖騰。

唐、虞、夏乃祁、姚、姒的支圖騰團。史記謂堯、禹皆都平陽；周成王滅唐而封叔虞，故曰唐叔，而左傳定公四年祝佗亦說：

命以唐誥，而封于夏虛。

夏虛乃因夏圖騰團之屯居其地而得名，但明明稱曰唐叔，居唐國舊地，而曰夏虛不曰唐虛，卽因其地乃唐夏所共處，夏虛卽唐虛也。至於虞圖騰團所屯居之地在春秋之虞國，並不在夏虛。固然舜受堯禪後，（關於禪讓的解釋，下文論及政權集中時再詳說。）亦可能卽位於堯都，在堯都掌持事務，但他的圖騰團並不居夏虛，而仍在虞虛。

由以上所說演繹出下列假設：卽唐虞夏共合成部落，而唐夏屬其中一部，虞屬其中另一部。或者亦可說祁姒屬一部，姚屬一部。但後者不是必須，祁姚姒各部或早已分出唐虞夏各團，後各新團又組成部落，唐虞夏各團遂變成新部落中的各部。雖然現在只知道堯的二女嬪於虞（堯典）及虞思妻少康以二姚（左傳哀公元年），未能有姬姜那般婚姻頻繁的史料，以佐證這個假設，但我亦有兩個間接證據。左傳哀公六年引夏書：

惟彼陶唐，帥彼天常，有此冀方，今失其行，亂其紀綱，乃滅而亡。

足證夏人所奉者仍係陶唐的「行」，的「紀綱」。亦卽說夏的制度仍與陶唐者同。左傳哀公元年：

（少康）逃奔有虞，爲之庖正，以除其害。虞思妻之以二姚，而邑諸綸。有田一成，有衆一旅，能布其德，而兆其謀，以收夏衆，撫其官職。使女艾諜澆，使季杼誘豷，遂滅過戈，復禹之績，祀夏配天，不失舊物。

夏為夷羿寒浞所滅，實在是夏史的一件極重要的事。所經時間甚久，由上所載，足知少康復國的困難工作。然終能「祀夏配天，不失舊物」，皆由虞之收容、幫助，虞夏關係之密切，由此足證。

關於這集團尚有兩個問題，須附帶討論，即（1）唐是否與祝融團有關；（2）夏與周的關係。唐亦屬祝融團，這說肇自友人傅孟眞先生。（殷虛新獲卜辭寫本後記跋）他的理由是范宣子自稱其先虞以上為陶唐氏，在商為豕韋氏，（晉語八，亦見左傳襄公廿四年）豕韋氏既屬彭姓，則陶唐氏亦與祝融有關。這說我不敢苟同。考范宣子之女嫁與欒黶，曰欒祁，見左傳襄公廿一年，范宣子確係祁姓。祁姓並非祝融八姓之一，唐亦祁姓，則唐與祝融團無干，此其證一。再者據范宣子所自述，由虞至東周，其先共有過五個氏，即陶唐氏御龍氏豕韋氏唐杜氏范氏，雖有過五個氏，但直至范宣子，其姓仍祁未改，這其間必有圖騰地域化及地名圖騰化的雙層現象。孟眞先生所引為證明的豕韋，在商初曾被滅，見於鄭語及商頌。這彭姓的豕韋氏既滅以後，必有祁姓居其地，於是地名圖騰化而生祁姓的豕韋氏，等於祁姓居范者遂以范為氏。祁姓之豕韋固不同於彭姓之豕韋也。此其證二。抑更有進者，祁姓之屬至商代雖有豕韋氏，但祁姓之陶唐氏或尚存在，這只是分化作用而非代替作用。范宣子所舉只欲誇陳他能「保姓受氏，以守宗祊」，故歷舉他這一支的祖先之能世祿，並非說陶唐氏至商就全變爲豕韋氏，至晉就全變爲范氏也。

夏與周的關係，傅孟眞先生（同上文）引商頌之兩稱時夏，及大雅小雅之爲大夏小夏，覺着周人舉出夏以抵抗殷。我以爲周人之與夏實有深長關係，不只強拉上夏以自豪而抑殷也。茲從圖騰觀點上佐證此說。

夏爲姒姓，卽以目爲圖騰，既如上面所論。據王孫鐘目作台，吳淸卿說，台卽目，始卽姒。左傳昭公元年：

昔金天氏有裔子曰昧，爲玄冥師，生允格臺駘。臺駘能業其官，宣汾洮，障大澤，以處太原。帝用嘉之，封諸汾川。沈姒蓐黃，實守其祀，今晉主汾而滅之矣。由是觀之，則臺駘汾神也。

臺駘，論衡作臺台。按臺台卽台，台圖騰地域化之神也。（圖騰地域化說，下篇有專論）我頗疑古語非皆係單音，台之古音當讀若臺十怡，所以台既孳乳爲胎，亦孳乳爲怡，各視所保留的局部音而不同。普通語言容易變化，專名則難變化，今人久已不讀龜若丘，然讀龜茲仍用漢人翻譯時之古音，即其例也。汾神台之保留古音，當較語言中其他台字爲久，於是台神之音與字變成不相符合，後人爲彌補起見，就將台神寫爲臺台，更變爲臺駘。與此相類者有壺之初音當爲昆吾，說文解字壺部：

壺：昆吾，圜器也。象形，从士，象其蓋也。

王菉友說文釋例說：

昆吾者，壺之別名也。昆讀如渾，與壺雙聲，吾與壺疊韻，正與疾黎爲茨、之于爲諸、者焉爲旃一例。

于鬯說文職墨用王說，並謂昆吾即釋器「康瓠謂之甈」之康瓠。按昆吾即壺，並非壺之別稱。壺爲昆吾所始作，即稱爲昆吾，但其字形則爲壺。壺字之初音爲昆吾或康瓠，兩音實相同也。後一變而爲 khu，再變而爲 hu，遂成現行之壺音。但專名昆吾之音則始終未變，因之仍能窺見壺之初音。又若邾，公穀作邾婁；另方而邾之金文作鼄，邾地之得名於朱團之定居其處，朱團以鼅鼄爲圖騰。表示圖騰之字形初當只作，以示多足之象，而音則讀若「知朱」，（今人仍稱爲蜘蛛）或甚至於讀若「知朱婁」。後朱字音變爲單音朱，遂不得不另造鼅字以彌縫之。鼅鼄作網時往返蹀躞，人之沈思不能決時常行走踟躕，故以鼄爲比（記得友人董彥堂先生有此說），稱爲鼄（踟躕），踟躕兩字中，亦仍保存朱之初音也。觀此則臺駘卽台，似非蹈虛之論。用物名人名與語言中他詞相較，對古字之是否皆係單音問題想能有所解決，玆只略引其緒，陳其方法，恕不深論，否則將超出此篇問題以外，而成爲古字非單音說矣。

臺駘既宣汾洮，障大澤，以處太原，且被封於汾川，皆在汾水左近，與夏人之域亦合。並且守其祀者更有姒。由此足證，謂台卽目，固不只文字已也。另一方面，詩生民：

卽有邰家室。

毛傳一方面說「邰姜嫄之國也。」另方面又說「故國后稷於邰」。蓋漢儒皆信姜嫄乃帝嚳次妃，又知后稷與邰有關，不得不由解姜嫄爲有邰氏女。其實姜嫄姓姜，非姓台也。由以上所證明台卽目觀之，邰地之得名既由台圖騰，而台（目）實爲夏人的圖騰，邰最早必曾由夏人居住。至后稷居其處時，必仍餘有夏人，所以仍保留有邰之稱。上面常說地名、山名、水名皆得自圖騰團的定居，但並非說這地在此以前，素未曾被人屯居過，事實並不必若此。譬如某地，以前甲團曾定居其處，因稱爲甲地，及甲團全體遷走，甲地之稱因以消失。後乙團更居其處，因稱爲乙地。但吾人不能說乙地得乙名以前，甲團素未居其處也，不過甲地之名稱消失未傳至有歷史時代而已。但甲團若未全體遷走而乙團來居，或甲團爲乙團所征服，則甲地之名常相承不改。若周初封建諸國之常仍舊稱。沿舊稱者其處常留有舊團人民。所以邰雖爲后稷居住，亦必留有夏民，則周人所處不只夏舊域，且自后稷時，已受夏文化熏陶矣。至於邰最初不必定在漢之斄縣，或且在汾水之域，有人疑在稷山，似非無因。及不窋竄於戎狄之間，始居斄縣之邰，地名隨圖騰團以遷，亦古史的常有現象，下篇將細論之。

周與夏之長久密切關係，於斯足見，周人之自稱曰時夏，並自謂「后稷纘禹之緒」，亦無足奇異了。

(六)商　商尤爲圖騰演變史的有趣味的例證。古代圖騰演變的痕迹，沒有比商再清楚的了。詩商頌玄鳥：

天命玄鳥，降而生商，宅殷土芒芒。毛傳：玄鳥，鳦也。

可見商人自認爲玄鳥所生，即以玄鳥爲圖騰。玄鳥即燕，亦即乙，說文解字燕部：

乙部：

燕：玄鳥也，籋口，布翄，枝尾，象形。

乙：燕燕乙鳥也。齊魯謂之乙，取其鳴自謼，象形也。

兩字其實表現的是一物，燕乙雙聲，其形則乙象側看之形，燕象正看之形。按照姜風等姓例，商人應當姓燕或嬿，姓乙或妀。但據記載則商人姓子。吾人若細細一想，即能明白這仍屬於圖騰制度。燕或乙是圖騰，圖騰所生的商人乃燕或乙之子，所以姓子。子包括一切玄鳥所生的商人而言，既無男女之分，亦無行輩之區別，最初圖騰團的平等社會觀念當然如此。因爲玄鳥所生曰子，於是引申爲人所生亦曰子。第二義必較第一義爲晚，因爲最初商人只信他們皆玄鳥所生，尙無人生人的觀念。但子用爲子孫意義亦必始自商人，而漸由傳播作用，通行及他族者。此節稍後再詳論之。

現在且說玄鳥圖騰的演變史。詩商頌長發：

有娀方將，帝立子生商。

我在釋主篇中曾攷釋將爲祭祀，有娀方將，即有娀方在祭祀。這篇與玄鳥篇皆說生商，未專指生契。

史記殷本記：

殷契母曰簡狄，有娀氏之女，爲帝嚳次妃。三人行浴，見玄鳥墮其卵，簡狄取吞之，因孕生契。

從前只說生商，並未說生契，而這裏居然說生契了。這是一種演變。並且有娀變成帝嚳的次妃，父性出現，以前的圖騰變成生祖（其說見下篇），這是另一個演變。

這兩種演變最有興味的是他代表前後兩種子姓制度。

據哈特蘭 Sidney Hartland 等研究，原始社會最初是母系的，後始變爲父系的。母系卽子女皆姓母親的姓，亦卽說皆信母親的圖騰：傳姓與女，女再傳姓與其女（外孫女），永遠由女子以傳續。父系則子女皆從父姓，亦卽信父親的圖騰：父傳姓與子，子再傳與其子（孫），永遠由男子以傳續。商頌兩篇皆謂「生商」，商概括男女商人而言，尚未專指一個人，且只有娀而無父性，皆代表母系時代。至於生者係契，專指一個男人，不再泛指商人全體，並且帝嚳出現，則父系建立，始祖生祖皆出現，代表父系時代了。

玄鳥圖騰團尚有一種制度，亦足證他與圖騰社會相合。月令仲春：

是月也，玄鳥至。至之日以太牢祠于高禖，天子親往，后妃帥九嬪御。乃禮天子所御，帶以弓韣，授以弓矢，于高禖之前。

近代原始人常在固定時期，令婦人與圖騰配合以生子。據埃及晚期記載，洩露出埃及古代亦有這種典禮，且遵行甚久。於是我們明白了高禖的最初意義。玄鳥乃商人的圖騰，須與同圖騰的婦人配合，所以后妃皆往。最初不只首領的婦人如此，凡玄鳥團的婦人皆如此。因爲非與玄鳥配合不生子，（子彼時仍舊是他的最初義，即玄鳥之子。）玄鳥是必須的，至少是男女間必須的中間者，故以後更將高禖引申到男女結婚必須的中間人——媒妁。然則媒之稱亦係玄鳥團——商人——所始創。（配合的意義當然甚爲含混，初民既不明受孕的眞相，配合自不必若男女之交合，或只接觸，或甚至於只須用目注視。對此另有說，茲且略，但請讀者勿以辭害意。）

上面已講過子乃玄鳥之子，更演爲子孫，當始自商人，茲再略細申其說。

玄之初義即係玄鳥，𢆯象燕之形，亦即象玄鳥之形。契是玄鳥團之王，所以詩玄鳥稱爲玄王。等於玄孫之初義亦即玄鳥的後人，其初當亦爲商人所創用，後更普及他團而變爲遠孫之稱。（左傳僖公二十八年踐土之盟辭內有曰：有渝此盟，明神殛之，俾隊其師，無克祚國，及其玄孫，無有老幼。玄孫指與盟者的後人言，並不必指其孫之孫也。）說文解字幺部：

幺：象子初生之形。

幺亦即玄鳥之子，所以幺字形與玄相似。8有頭有身而無翼，象燕初生之形；[illegible]則增翼，羽已豐矣。幺亦玄鳥之子，所以稱子嗣之胤及幼字皆從之。（孟子梁惠王篇：幼吾幼以及人之幼。幼亦即子也。）子之意義亦與相類，卜辭中作[illegible][illegible][illegible]諸形，有首有尾，有翼而未豐，似即表示幼燕初生之形也。

玄字從各方面看皆與商人有重大關係，因而間接亦與古代典制有不少牽涉。史記三代世表後褚先生引詩傳：

湯之先為契，無父而生。契母與姊妹浴於玄丘水，有燕銜卵墮之，契母得故含之，誤吞之，即生契。

據索隱，所謂詩傳即係詩緯，玄鳥團所處之地曰玄丘，水亦曰玄丘之水，似甚合理。並且三代世表，殷屬下：玄囂生蟜極，蟜極生高辛，高辛生卨。契之高祖曰玄囂，契之玄孫亦曰玄冥，皆與玄有關，玄當即商人最初所用之姓也。帝繫謂「青陽降居泜水」，此泜水亦在河北，漢「斬陳餘泜水上」即此水也。五帝本紀謂（青陽即玄囂），則玄囂所居之泜水，即世本所謂昭明居之砥石也。亦足證玄囂與商人有關。（砥石之說見下篇）在古代冠禮等皆用玄端，這是極重要的禮服。玄端之興當始自玄鳥圖，玄鳥之色玄，所以稱相類之色亦曰玄色，玄端即所以模倣玄鳥之服也。祭禮中有玄酒，鄭君謂即白水，想亦肇自商人，用以祭玄鳥祖，故曰玄酒。

此外我常覺着古人以子爲「男子之美稱」的奇異。若果然子是兒子，不應反以爲美稱。春秋時世族對稱習慣用子，（季康子患盜，問於孔子，孔子對曰：苟子之不欲，雖賞之不竊。論語顏淵篇。古書中稱子之例，到處皆是，舉此以概其餘。）或吾子，（左傳僖公三十三年弦高謂秦帥：寡君聞吾子將步師出於敝邑。）並且吾子若按照鄧祁侯謂楚文王「吾甥也」（左傳莊公六年）的話比較，則吾子豈非「我的兒子」。今人若呼人爲我的兒子，對方至少必勃然變色，而古人以爲美稱，古今人喜惡之不同何其相遠如此？及我明白了子之初義爲玄鳥之子，於是這種特狀亦就無足奇異了。商人既皆係姓子，皆係玄鳥之子，則商人互稱爲子，亦如鳳姓之互稱爲朋（鳳），不只非卑稱，且係尊稱，蓋只玄鳥嫡系之商人有此稱謂資格，異姓尚不配用這字。所以商同姓人有微子、箕子。

此見於古記載中之最早者，其前似應久已存在。周人與商接觸，接受商文化，亦習用其稱謂。或者周人並未知稱謂的原因，只以爲商的君子如此對稱，遂亦仿傚採用，此亦新舊兩民族接觸時常發生的現象。及春秋之末，非世族的智識階級奮起，遂亦模仿世族的稱謂，於是士亦有了子的稱謂（如墨子等）。

並且東周人的字上面常用「子」，若鄭之子封，（左傳隱公元年，這是現見於書籍中用子爲字的最早者。子封非公子封的簡稱，公孫閼字子都足證。）降而至於春秋後半，用者愈多，如孔門諸弟子多半以之爲字。這亦是一種尊稱，與孔子墨子等稱謂相似。論語中對孔門弟子有稱某子者，如曾子，亦有稱子某者，如子游子夏等。後人對此甚爲聚訟，且有人據稱謂以攷證論語的編輯出自何人門人手。其實兩種相類，並無輕軒，亦如伯仲字可以加到姓下，亦可以加到字上。在姓下者若詩小雅之南仲，在字上者若顧命之仲桓，同屬西周時代，同屬王室卿士，不當有所高低也。

由商人百姓皆能用作稱謂之子，即由平等共產性的子，進而爲高級階級獨佔以與小人對抗的君子，再進而爲「爲民父母，以爲天下王」的天子，順着這麼次演變，我們重覓得由政權握在團員全體的圖騰社會漸進到政權集中在一人身上的帝國的途徑。

玄鳥即燕即乙，已如上文所述，燕地（金文作匽，乃燕的或體。）之名即起始於玄鳥圖騰團之定居其地，足證商人最初勢力在黃河以北。

不只此也，幺既係玄鳥之子，這團亦自稱爲幺團，亦若商人之爲子團也。幽字从𢆶从山，山之得名由於幺團之定居其地，由山名之幽而稱其地亦爲幽，亦若豳地之得名由於豕團之定居其地也。堯典稱「居朔方曰幽都」，職方氏稱「東北曰幽州」，凡書中稱幽地者莫不在北方或東北方，亦足證商人的舊勢力範圍。（左傳莊公十六年同盟於幽，杜謂幽屬宋，商後之宋有幽，亦足增加幽與商有關係之證據。）

個人化圖騰乃共有圖騰的一種演變，其發生較後於共有圖騰，亦如個人化政權社會之較平等共產社會爲晚。說文解字内部：

> 禼：蟲也，从内，象形，讀與偰同。

漢書百官表契正作禼。禼乃契的正字，禼即契的個人圖騰。說文解字邑部：

> 𨚍：周封黃帝之後於𨚍也，从邑，契聲，讀若薊。上谷有𨚍縣。

按樂記：「武王克殷及商，未及下車而封黃帝之後於薊。」漢書地理志亦書𨚍爲薊。段玉裁謂𨚍薊古今字甚是。漢以前之𨚍地即漢人名爲薊的地方。𨚍與契仍係同字，邑所以表示地名。郯即薊，在現在北平左近，其得名由於契圖騰團之定居其地。契圖騰團即以禼為圖騰者。後因政權集中，禼圖騰遂為契個人所獨佔，但最初仍係全團所共有者。這現象亦原始社會所常有者。契既係子姓，則禼團亦必係玄鳥圖騰團支團之一。上文既說過玄鳥圖騰團最初定居於黃河以北，燕地因此得名，而禼地亦在北平左近，則商族最初實在河北北部。王靜安先生以北伯器等證明邶地在淶水左近，（邶鄘衛攷，觀堂集林）其說亦與此相合。且王亥為有易所殺。有易乃以易（說文易部：易，蜥易，蝘蜓，守宮也。象形。）為圖騰的團，易水易地皆因其定居而得名，亦與北平相離甚近。易與燕乃鄰地，所以容易發生鬬爭。友人傅孟真先生在東北史綱第一册中證明商人勢力範圍在中國北部以至於東北部，上說可助傳說增加佐證。

左傳昭公十七年，郯子說少昊氏以鳥名官，所舉有「玄鳥氏司分者也」，頗使我疑玄鳥團舊係風姓之別。初民團分化為支團，支團圖騰常與團圖騰自成一類，若上面所舉毛希嵫人狼部所屬各團皆獸類、龜部各團皆水族、吐綬雞部各團皆禽類即是。玄鳥與鳳同屬鳥，或即一個圖騰團所分化。且以地望言，風姓在東，玄鳥團在東北，亦相連。或者玄鳥團實由東部沿海或渡海以至於東北者。並且九夷中亦有風夷、玄夷二者，當即鳳團及玄鳥團之遺。再者玄鳥之初名旣是玄，郯子所舉「青鳥氏司啓者也，丹鳥氏司閉者也」之青鳥丹鳥初亦必只稱青丹，而禹貢謂「海岱爲青州」，正在東部。營州之稱出自營丘，青州亦必相似，出自青鳥團所居之青地。

（七）酉，滕，葴，任，荀，僖，姞，嬛，依。前文已經講過這些團皆出自黃帝之說不可靠。除姬、祁、己的圖騰已經有過假設外，茲再分別研究其餘。

酉卽猷，亦卽說文解字犬部訓玃屬之猶的初形。

滕卽朕，朕象兩手奉火之形，舟乃事圖騰的祭器。這個字極有趣味，因爲他引到祀火的問題。凡亞利安系民族，如希臘羅馬印度波斯皆有祀火的典禮。火旣代表祖先亦代表神。下篇講到圖騰的演變時，將說明祖先及神乃圖騰演變後的兩種面目，足證火仍代表圖騰。我在釋主篇曾證明主卽火，最初未用木以前，主的表現素用火。滕的圖騰旣係火，至少這團極早已有祀火的禮俗。姬姓之滕乃文王子叔繡所封，但滕地之名似早已存在。周初所封各邦多仍舊名舊民，似無新創者。其地卽因滕團的定居而得名。這團名表現圖騰名稱的另一種現象，圖騰爲火，而團名朕，這與玄鳥團的圖騰爲玄鳥而商人姓子相類，與鳳團之圖騰爲鳳，團亦名鳳則相異。這乃圖騰名稱的變態。

蒇，說文解字艸部：蒇，馬藍也。

荀，說文解字艸部：荀，艸也。以上二圖皆以艸爲圖騰。但金文中未見荀字，伯筍父簋，筍伯簋等器有筍字，我頗疑荀卽筍，非以艸爲圖騰而以筍爲圖騰。筍乃新生幼竹，尤與生生之意相合。

任，卽壬，說文解字壬部：壬，象人褱妊之形，……與巫同意。這字的解釋甚爲含糊，所謂「位北方也，陰極陽生，」自皆係晚起之義。只象人褱妊之形，頗含生生之意。金文甲骨文多作工，與工相似，或者最初壬工只係一字，所以說文解字工下亦說與巫同意。

僖，姞　僖卽喜，姞卽吉，但其圖騰究係何物，不敢武斷。

嬛，依　嬛卽睘，金文如睘卣作，睘敦作，卽圜之初形。依卽衣，似與睘有相當關係。

（八）鬼圖及昜圖　鬼方之名始見於卜辭及周易，王靜安對之攷證甚詳。（觀堂集林：鬼方玁狁攷）鬼方乃以鬼爲圖騰者。所表現頗難確知，疑亦係獸類。王靜安以爲其地域在周之東北以至西北，卽後世玁狁之地。但觀封唐叔於夏墟，有懷姓九宗，王說懷即隗亦即鬼甚確，則鬼團實曾入居山西，與夏的疆界相接。並且山西舊有魏國，周人以封姬姓，想其舊國亦必於周初爲周所滅。魏从鬼，亦因鬼團的定居而得名。王說隤即隗，晉之南陽亦有懷，有隤，皆在舊懷慶府治，則鬼團直達黃河北岸。

春秋時狄多隗姓。狄舊寫皆作逷，逷即易，所以天問「昏微遵跡，有狄不寧，」有狄即有易。然則易乃鬼團的支團，以蜥易爲圖騰者。易水即因易團的定居而得名，足知鬼團的勢力且達易水流域。

鬼團既屯居山西，與夏爲鄰，甚而錯居，而王先生謂匈奴即玁狁，即鬼方。或者鬼方與夏實係同源，漢書匈奴傳所說「匈奴其先夏后氏之苗裔，曰淳維」非誤。然則上甲微之伐有易，實夏商兩集團鬬爭的前幕；高宗之伐鬼方，乃因夏人復鬥的反抗。並知後所謂狄者，亦如氐羌之與諸夏同類，不過文化較落後而已。

由以上所舉各姓，當能明瞭姓皆取自生物或非生物，與圖騰無殊。但古代姓當甚多。周人所謂姓實即圖騰。周人所謂氏的源流共有數種：一種取自王父的字，如魯展無駭以展爲氏，即因他的王父字展；一種以官爲氏，如晉荀林父曾將中行，其後即以中行爲氏；一種以邑爲氏，如士會封於范，其後遂以范爲氏；另一種氏實即支圖騰，出自圖騰者，如姜團之有呂氏。最後這種的發源甚早，春秋時只沿用舊者而不再新創，其時行用者多前幾種。周時對姓氏之辨甚嚴，至少周朝姓已不再增加，新創的只有氏。但極古時姓氏之辨並不如此之嚴，如祝融八姓皆出自祝融，實在即周朝所謂氏而非姓。這似亦與周朝大小宗之辨相似：小宗出自大宗，但既獨立以後，他自己就變爲大宗，亦能再分出小宗。姓似亦如此，支團獨立後變爲總團，更能再分出支團，所以姓內或亦有最古的支圖騰。

原治社會較進步的人民，亦常不以爲出自圖騰，而以爲與圖騰同性質，這自然係較進化方有的現象。圖騰這種性質的名稱在各團不盡相同，美拉尼西亞人名爲「馬那」(mana)，現已變成民族學的專門名詞，亦即埃及人所謂「嘉」(Ka)。這種性質並非實質的，爲同圖騰團的一切人及物所公有，而不爲任何人何物所私；他存在於人及物未生以前，亦永存於人及物既沒以後；他存在於人及物的本身。但亦非人及物的本體，而亦於體無害。初民以爲矢之能射者由於馬那，網之能捕魚者由於馬那，船之能浮者亦由於馬那。由以上各節觀之，馬那實即中國所謂性。與圖騰同馬那實即同性。性即生，亦即姓，古代文字並無分別。在表面看，圖騰團各員皆冠以圖騰名「姓」。就同姓；在事實上看，各員皆與圖騰同性，亦即互相同姓。孟子告子篇，告子說：

生之謂性。

荀子性惡：

不可學，不可事，而在人者之謂性。

莊子庚桑楚：

性者，生之質也。（董仲舒亦說：性者，生之質也；質樸之謂性。）

論衡本性篇，劉子政說：

性生而然者也，在於身而不發。

由以上所舉各書，足證性是與生而俱來者，是生的質，乃性之最初意義，這不與初民所謂「馬那」相似麼？

原始社會團各有旗幟，上繪其圖騰。埃及史前時代刻石板上亦常繪各種圖騰的旗幟互相爭戰。我以為這即旌，中國古圖騰團各有旗旌，上繪其圖騰（生），亦名曰生，後更加形而為旌。實在說起，姓、性、旌皆卽生。

由文字上證明姓卽圖騰，中國史前時代曾有姓，亦卽中國史前時代曾有圖騰社會的佐證，已如上述。但除此以外，在中國古史內仍能看出圖騰社會他種遺痕，茲分列如下：

（一）昭穆卽婚級　圖騰社會有團及部以外，澳洲尚有分級（class），或曰婚級。每團中人皆分為兩級，譬如分甲乙兩級。凡某人屬甲級者則其子屬乙級，至其孫則仍甲級，曾孫仍屬乙級，周而復始。亦有分四級者。但同部落各部內諸團分級數目須相同。譬如部落內有左右兩部，每部有若干團，各團皆須級數相同，兩級則皆須兩級，四級則皆須四級。結婚方法，不只同部各團間不得通婚，卽異團異級者亦不得通婚。如左部各團甲級人只能與右部各團甲級人通婚，而不得與右部乙級人通婚。因為分級與通婚有關，故又名曰婚級。至於分級的原因，杜爾幹的假設頗為合理，茲略述如下。譬如左部中有一團，茲名為狼團；右部中亦有一團，茲名為鷹團。因為外婚的關係，狼團男子只能娶鷹團女子，鷹團男子亦只能娶狼團女子。但因為母系社會的原因，子女皆從母姓，信母親團的圖騰，所以狼男娶鷹女所生子女為鷹男鷹女，而鷹男娶狼女所生的為狼男狼女。但因爲習俗甚早就使婦人隨夫往夫家居住，所生子女亦育養於夫家，所以第二代居地互易，居某團地者並不奉某團的圖騰，至第三代又互易居地，於是居某團地者又卽奉某團圖騰的人，與第一代同；至第四代，居某團地者又不再係奉某團圖騰者，如第二代。形勢則相聯兩代不相同，隔一代後，形勢又回復原狀。茲爲容易明瞭起見，列表如下：

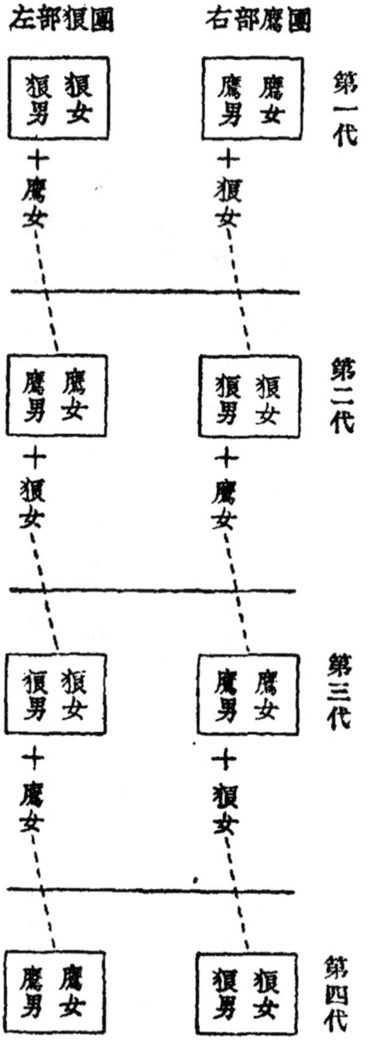

黑線內表示住在當地的某代人，加號表示婚嫁。閱此表則知每隔代地位相同，如第一第三兩代居狼團地者皆係狼人，而第二第四兩代則皆鷹人，居鷹團地者恰與相反。杜

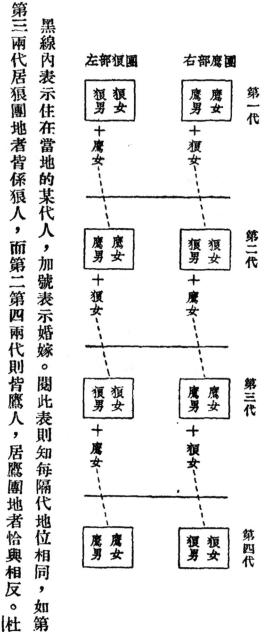

爾幹以為地位相同者方能通婚，婚級之發生由此。

我以為婚級即周時的昭穆。我在釋生篇已經講過，茲略引其說如下；

古代昭穆實在係固定的，某人係昭永遠係昭，某人係穆永遠係穆，我且引幾個證據：

乃穆考文王，肇國在西土。（周書酒誥）

率見昭考，以孝以享。（詩周頌載見。毛傳：昭考，武王也。）

訪予落止，率時昭考。（詩周頌訪落）

宮之奇諫曰：太伯虞仲，太王之昭也，太伯不從，是以不嗣。虢仲虢叔，王季之穆也。（左傳僖公五年）

管蔡郕霍魯衛毛聃部雍曹滕畢原豐郇，文之昭也，邘晉應韓，武之穆也。（僖公二十四年）

曹，文之昭也；晉，武之穆也。（定公四年）

可見西東周人對昭穆皆有固定的指示。

最初至少姬部中人皆分屬昭穆兩級，所謂父為昭，子為穆。為通婚關係，對方姜部似亦有相同的昭穆兩級。昭穆兩字至今未見於甲骨文，商國或無分級，或有分級而另用他種名稱，不以昭穆為級。若觀分級為原始社會的常有現象，則後說較為近似。

寫釋生篇後，今年始見宋史禮志何洵直議，其說與予所見略同。他說「昭常爲昭，穆常爲穆，廟次雖遷，昭穆之班，一定不移。」並引左傳爲證，亦即上文我所引者。（見孫詒讓周禮正義小宗伯疏引）昭穆固定說如此，但這說實推翻後世毀廟遷昭穆之說，這雖與圖騰社會無干，但亦古制度之極聚訟者，故附論如次。廟數之說亦甚聚訟，但學者錯誤皆在於想統一制度。殊不知夏商周禮既不同，春秋諸國禮亦不盡同。以後考古家若能發掘若干處廟基，或能說明某國某時的制度如此。至於統一的制度，因爲素未嘗有過，自然亦無從證明，所以現在亦不必討論。

後儒謂親盡則廟毀，以次而升。若依此說則每次新君即位，則昭穆變化一次，上朝爲昭者，這朝變成穆，上朝爲穆者，這朝變爲昭麼？如是則昭穆非固定與事實且相違反麼？我以爲毀廟時逢昭廟毀則昭系自相推升，而穆系不必有改變；反之，逢穆廟毀則穆系自相推升，而昭系不必改變。茲列七廟表如下：

始祖｛昭一【甲】　昭二【丙】　昭三【戊】
　　　穆一【乙】　穆二【丁】　穆三【己】

茲逢己之子庚薨，應入廟，則應毁甲廟。照後儒說則廟表變如下者：

始祖	昭一【乙】	昭二【丁】	昭三【己】
	穆一【丙】	穆二【戊】	穆三【庚】

如是則每人的昭穆與其固定的皆相反。我的意見則廟表的變化如下：

始祖	昭一【丙】	昭二【戊】	昭三【庚】
	穆一【乙】	穆二【丁】	穆三【己】

穆行未變，昭穆皆不紊。至庚之子辛薨，庚既屬昭，辛自然屬穆。乙廟毁，則穆行變爲：穆一【丁】，穆二【己】，穆三【辛】，昭行不變。

理論上固然如此，但君位嗣續不一定順着昭傳穆、穆傳昭的次序。或因篡弑，或因他由，時常弟兄相承，姪叔相傳，春秋諸國世系足作證明之處甚多，不必我繁引博證。但如此一來，昭就不常傳穆，穆就不常傳昭麽？昭穆的次序不就亂了麽？若據後儒的解釋，弟與兄原皆係昭者，至是就變爲兄昭弟穆，於是昭穆之序皆亂。我的解釋與此不同。昭穆分級是不能亂的原則，爲保持這原則且合事實計，即昭廟至少將這一代中曾登君位者皆包括在內，不一定每廟一君，穆廟亦然。如此則昭穆不至紊亂。這種假設頗爲近理，且亦並非空談，有些少史料足供證據。

左傳襄公六年，齊滅萊，使陳無宇獻萊宗器於襄宮，襄宮乃襄公的廟。這裏使人驚奇的，即爲什麼獻於襄宮不於桓宮？齊桓以功論則霸業邁越當時，以地位論則與襄公同輩，苟不必須獻於始祖者，就何不獻於桓而於襄？原因就因爲齊只有襄宮而無桓宮，桓公與襄公同廟，獻於襄宮即同時獻於桓宮。這節歷史頗能作同輩共廟的佐證。

再反回詳證原始社會的分級即古代的昭穆。

分級乃現代澳洲初民社會極普遍的現象，若少翻閱何惟特，斯賓塞及吉倫對澳洲諸著作，即能明白其眞相。茲爲簡單起見，只引用加美拉婁人 Kamilaroi 者。這是澳洲東南部的土人，曾經何惟特做過調查。（東南部澳洲土人部落，Howitt: The Native Tribes of the Southeastern Australia, 104 等頁）至於其餘有相類分級的初民社會，除級名稱的不同，其分級方法則與之相同，舉此則其餘皆概括了。

加美拉婁人各部落皆分爲兩部，部各分若干團，茲假設兩部爲左右兩部。每部各團又自分爲男女各兩級。右部者爲莫麗 Muri（男）及馬達 Matha（女），克璧 Kubi（男）及加波達 Kubitha（女）。右部者爲肯保 Kumbo（男）及布達 Butha（女），義派 Ipai（男）及義巴達 Ipatha（女）。玆用昭穆制度翻譯以上名稱如下：

右	莫麗——右穆男	馬達——右穆女
	克璧——右昭男	加波達——右昭女
左	肯保——左穆男	布達——左穆女
	義派——左昭男	義巴達——左昭女

義派與義巴達互視如弟兄姊妹，莫麗與馬達，克璧與加波達，肯保與布達，互視莫不皆然。他們相對的每兩級昭穆相同，部的左右相同，自然應是弟兄姊妹，觀上文翻譯後，愈益明顯。並且

義派只能與加波達結婚
肯保只能與馬達結婚
莫麗只能與布達結婚
克璧只能與義巴達結婚

若翻譯成昭穆，即：

左昭男只能與右昭女結婚
左穆男只能與右穆女結婚
右穆男只能與左穆女結婚
右昭男只能與左昭女結婚

因爲外婚制，所以左部各團只能與右部各團通婚，因爲分級，所以左部之昭只能與右部之昭通婚，左部之穆亦只能與右部之穆通婚。這兩表不相符合麼？昭穆不亦與團騰社會的分級相符合麼？

至於上下各級的相互關係，則

義派與加波達結婚生莫麗及馬達
肯保與馬達結婚生克甖及加波達
莫麗與布達結婚生義派及義巴達
克甖與義巴達結婚生肯保及布達

義派及加波達同屬昭級，根據昭穆制度，昭生穆，其子女應屬穆級。莫麗及馬達果然係穆級。但彼時尚係母系社會，子女尚隨母而歸母親的圖騰團，所以莫麗及馬達（右穆）皆隨加波達（右昭）而歸右部。其餘亦莫不相合。

觀以上三表翻譯成昭穆仍未失其原舊性質，婚級即昭穆制度更由此而增加明證了。（莫爾根 Morgan 著古代社會 Ancient Society 第二卷第一章亦講及分級制度，但當他著此書時，澳洲初民調查尚未十分進步，他對這制度頗生誤解，以為這是一種以性別為分類的組織，列於團（演司）組織以前，這實在錯誤。這兩種並非同類性質，團是縱的，包括同團的歷代各輩；分級是橫的，相聯的兩代並不同級。但書中所列加米拉婁人分級表，則不錯誤，與上面所說相同。表亦據與何惟特相同的材料也。）

婚級以外，圖騰團中尚有幾種現象，即外婚制；團員皆須祭祀圖騰；團員有為同團團員復仇的義務；圖騰按時與團中一婦人配合，茲逐條研究於後。

（二）外婚　不只是同部或同團人不准通婚，不只是這部或這團的人須向異部異團求配偶，並且是這部或這團的人須向某另一部或某另一團去求配偶。這是嚴格的外婚定義。嚴格的說起來，不只通婚，即部或團內人雜交亦所不准。初民同團的人既互視為同生（同姓）而無遠近親疏的觀念，同團人雜交視為亂倫，亦係自然之理。周人的同姓不婚卽係外婚的一種演進。行外婚者這部或這團的人只能與某另一部或某一團通婚，同姓不婚者這部或這團的人，除其本部或本團外，能與其他任何異部或任何異團通婚。後者將選擇的範圍擴充了，但其性質則仍舊保存。

現尙能確知周人實行同姓不婚。如曲禮：

娶妻不取同姓，故買妾不知其姓則卜之。

左傳襄公二十五年：

男女辨姓。

並且若細研究左傳中所載各國后妃，除少數特殊者外，外婚的實行立能顯然看出。那些少數特殊者，如魯昭公之娶吳女，當時人尙皆以爲非禮，足見這乃例外而非通行的禮。

初民對不遵外婚者治罪常甚嚴。周禮夏官大司馬：

外內亂，鳥獸行，則滅之。

亦列入九伐之內。鳥獸行雖後儒解爲亂倫，但初民視內婚亦爲亂倫，杜爾幹在亂倫的禁止一書中且以外婚爲後世亂倫觀念的發源，最初不遵外婚者想必亦受伐了。至於同姓不婚的理由，古書中所舉者略如下：

左傳僖公二十三年：

男女同姓，其生不蕃。

昭公元年：

內官不及同姓，其生不殖。美先盡矣，則相生疾。君子是以惡之。

晉語：

異姓則異德，異德則異類，異類雖近，男女相及以生民也。同姓則同德，同德則同心，同心則同志，同志雖遠，男女不相及，畏黷敬也。（經義述聞王念孫說敬也當作故也。）黷則生怨，怨亂毓災，災毓滅姓。是故娶妻避其同姓，畏亂災也。

鄭語史伯對鄭伯亦說：

夫龢實生物，同則不繼。以它平它謂之龢，故能豐長而物生之；若以同裨同，盡乃棄矣。……於是乎先王聘后於異姓，……務龢同也。

同姓結婚，對本人亦甚有害，容易生疾，且甚至於其生不蕃，至於滅姓。但子產只說生疾，而未說明何疾。秦伯使視晉侯疾的醫和說得更清楚。他說：

> 是謂近女室，疾如蠱，非鬼非食，惑以喪志。
>
> （蠱）淫溺惑亂之所生也。於文：皿蟲爲蠱，穀之飛亦爲蠱。在周易：女惑男，風落山，謂之蠱。

舊讀近女室，疾如蠱，段玉裁以爲當讀「近女室疾」，王念孫非之，以爲室乃生之誤字，當讀「生疾如蠱」。（經義述聞）按王說室乃生之誤是也。但當讀爲「是謂近女生，疾如蠱」。女生者同姓也。這樣解釋似尤合理。這樣生的病名爲蠱，這是一種小蟲，與穀中所生的小蟲相類。得這疾者與平常的疾不同，使他昏迷以至於喪志。這種說法頗與近代初民相似。據特勞布萊安島 Trobriand 土人說，凡犯與同團交合的人，皮膚不久即變白色，更生若干痛瘡，痛瘡愈長愈大，這人遂漸衰弱以死。他身上自生出小蟲，漸漸咀嚙，使他的眼睛腫，臉腫，腹腫。（馬里歐斯基 Malinowski 著美拉尼西亞西北部土人的性生活 The Sexuel life of Savages in Northwestern Melanesia, 424頁）美洲的拿瓦郝人 Navahoes 亦謂娶同團婦人者，其人的骨必變乾而死。（弗來則著圖騰制度及外婚制，第三册，243頁。）非洲巴甘達人 Baganda 亦以爲若有人密違外婚者，其人及其子皆生疾。（同書第二册，473頁）所謂身上自生出小蟲，不與左傳所謂蠱疾相類麼？足見內婚之生疾乃甚古而普遍的傳說。

古人對男女同姓其生不蕃的觀念，實非由於生理的觀察，弗萊則對此亦以爲然。據生物學的研究，血緣近者是否不蕃，至今尚難確實論定。以現代學者觀察的精審而有長時間，尚難有確實結果，淺陋初民又何以能知之？況昔人所謂外婚，只是不婚同姓，並非不婚近親，外婚與血緣近者不婚不同。嚴格的外婚是某某兩部或兩團歷世互爲婚姻，亦卽是說，舅之子仍須娶姑之女，姑之子仍須娶舅之女。由稱岳父及夫之父曰舅，稱岳母及夫之母曰姑，足證這類婚姻確曾實行過。固然初民所謂舅不必是親舅，而稱從舅或更遠的舅亦相同；初民所謂姑不必是胞姑，而稱從姑或更遠的姑亦相同；但所謂舅之子女或姑之子女內亦必包括極近的表兄弟表姊妹於內，是則初民所謂外婚實有極近血緣的人在內。晉語對此所說甚明，他說：異類雖近，男女相及以生民也。這卽指明極近的表兄弟姊妹互婚並不相礙，因爲他們是異類（異族）；他又說：同志雖遠，男女不相及，畏黷敬也。這卽指的極遠的同姓兄弟姊妹，他們不能互婚，因爲他們是同姓。所以研究同姓不婚的緣由不能以生物學爲據，而須以圖騰制度爲據。吾人且先研究子產所謂「美先盡矣，則相生疾」的「美」字。美，說文解字羊部訓甘，乃後起之義，我以為美之初訓與性相同，亦即民族學所謂「馬那」，美訓性在現存古書中固無直接記載，但我亦有兩個間接證據。離騷：

皇覽揆余初度兮，肇錫余以嘉名：名余曰正則兮，字余曰靈均。紛吾既有此內美兮，又重之以修能。

這段是屈原自述其始生之事。古人所謂「名」不只是符號，且含有實質的深義，亦即初民所謂個人圖騰，而其實質可稱為個人的馬那，這層在下篇論個人圖騰時當細陳之。名的實質或亦謂之德，謂之性。王逸注謂「言己之生內含天地之美氣」甚確，性亦即稟天地之氣所以生者，所以內美即指名的實質，美即等於性。詩簡兮：

云誰之思？西方美人。箋：我思誰乎？思周室之賢者。

美人何以指賢者，即因美與賢的初義相近。美洲易洛魁人 Iroquois 稱圖騰之質為歐倫達 Orenda，若有人在戰爭中獲勝或狩獵時得獸較多於他人，就說因為他的歐倫達較多於他人。（杜爾幹著宗教生活的簡單形式，276 頁）這不與昔人所謂「賢者」即能力較他人為多同意麼？最初平等的圖騰社會時代，同團人皆有同等的馬那，同等的性。及後政權既等差化，於是這人的馬那或歐倫達就較多或較高於他人了，這人就成爲賢者。所以賢的初義亦卽性，與美相類，所以美人卽賢者。

古時各團雖對圖騰的質有相類的觀念，但因各團既不互視爲同族類，亦就不肯認他團的性與我團者相同，等於這團亦不肯認與他團同圖騰，此卽我所謂古代社會的團部性，所以各團對性的名稱亦異，或名爲性（生團），或名爲德，或名爲美，或名爲賢，隨團而異，亦不足怪也。現代初民名馬那亦隨團而常不同。及後往來既漸頻多，文化既漸融會，始恍然這團所謂圖騰與他團者雖非相同，但確相類，就統名這類爲姓，並統稱其質爲性。於是將同類觀念統以一名，這是同類觀念同名化，譬如稱圖騰皆曰姓；另一方面，將同類名字分用於同一觀念分化成的各種意義，這是同類名稱分義化，譬如德、賢、美最初與性同義，後分用於各種分義，這只是較後統一的現象，而最初同類的名稱實在甚多。

美卽性之義既明，「美先盡矣」等於說「性先盡矣」，亦卽史伯所謂「若以同裨同，盡乃棄矣。」盡就是美先盡，棄就是易相生疾，兩說實互相補充。

因此就能明白圖騰社會人的思想，以爲同性質「同類」者不可接觸，接觸則必使接觸者發生變化。初民非常禁止食作其團圖騰的生物，若鳥團人不食鳥等，甚而禁止接觸其物者，這禁忌當與外婚者相同，初民既認某類生物與某團人同類，自然亦不可接觸也。外婚非出於生物學的觀察而由於對圖騰的信仰，左傳及鄭語所說乃無上的證據。

對於周以前，姬姓以外的各姓是否適用外婚，這層的直接史料甚少。禮記大傳的作者說：

> 四世而緦，服之窮也；五世袒免，殺同姓也；六世親屬竭矣。其庶姓別於上，而戚單於下，婚姻可以通乎？繫之以姓而弗別，綴之以食而弗殊，雖百世而婚姻不通者，周道然也。

正義說：此作記之人以殷人五世以後可以通婚，故將殷法以問於周。其實不特大傳的作者未言殷人五世以後可以通婚，即鄭君亦未有此說。我以為唐人若非另有所據，正義實因上一篇喪服小記的鄭說而誤會。小記說：

> 復與書銘，自天子達於士，其辭一也，男子稱名，婦人書姓與伯仲，如不知姓則書氏。

鄭注：

> 此謂殷禮也。殷質不重名，復則臣得名君。周之禮，天子崩，復曰皐天子復；諸侯薨，復曰皐某甫復，其餘及書銘則同。

鄭氏以為周禮臣不名君，此謂男子稱名，且天子禮亦同，故認為與周禮不合，即為殷禮。正義既隨鄭說為殷禮，遂說「殷無世繫，六世而昏，故婦人有不知姓者。周則不然，有宗伯掌定繫世，百世昏姻不通，故必知姓也。」其實明言「買妾不知其姓則卜之」。（見上引左傳昭元年）並未說殷人，自係周禮，或係殷周所同。有世繫能辨姓是常道，不能辨姓是變態。試問經過若干次的戰爭，尤屬經過殷周之際的亂離，若干舊世族夷為平民，散而之四方，只能知其氏，而無法知其姓。中間經過圖騰地域化及地名姓氏化的雙層演變，於是有異性而同氏者，只知其氏就無法溯其姓，所以不得不卜之，不得不書氏了。這想亦周人常能有的現象，不必諉諸殷人專有。王靜安據正義之說遂以為「然則商人六世以後，或可通婚，而同姓不婚之制，實自周始。」（觀堂集林殷周制度論）其實這未必是大傳作者的意見。繫之以姓而弗別以下正所以對婚姻可以通乎的問辭，而上面問話係問在服制既竭後昏姻可以通否；答語之周道然也，乃指周道服制既竭後昏姻亦不可通。周人歧視長子與衆子，服制亦因此而生。商人無長子制，弟兄的地位平等，兄弟之子與己子，從父兄弟之子與兄弟之子，皆毫無軒輊，（見以後論稱謂段）則服制的等差不明，服制既竭後昏姻可以通否的問題毫不成立，所以問者只係對周制懷疑，而非概論。所以大傳的記載毫不能作夏商人實行內婚的憑據。

並且古記載內從未見有正式娶同姓而人認爲合理，如埃及古代者。據民俗學者的考察，祕魯古代亦曾如此。但原始人則到處行外婚。埃及祕魯之所以行內婚，正因爲他們進化已超過原始階段，要自己保持其門閥，以爲他族無與他通婚的資格。若商人夏人皆果通行內婚，則只能證明他們的進化階段更高過周人，已超過外婚階段，但我覺着商人夏人若果曾通行內婚，周人不必爲他們遮飾，將他們記載中內婚的痕迹全去掉，而僞造堯妻舜以二女，或虞思妻少康以二姚等故事。顧頡剛先生以爲帝乙歸妹乃帝乙嫁女於文王，其說甚合情理，亦足間接證明商人行外婚。

再說卜辭中有如下各段：

庚子卜㱿貞：帚好㞢子。（鐵一二七，一。）

貞：帚婐㞢子。（前三，三三，八。）

貞：帚永又子。（前八，三，五。）

余弗其子帚姪子。（前一，二，五。）

丙寅，帚旻示五矛。（戩四八。）

貞叀帚妃乎御伐。（前六，六。）

☐☐卜，㱿貞，帚姘冥妿。王固曰：其隹庚冥妿。旬辛丑，帚姘冥允妿。（續編，四，廿五。）

呼帚好先收人於龐。（前五，十二。）

帚媟有子。（同上三，三三。）

乙未，帚妹示矛兇。（殷虛文字三十五頁。

貞，御帚婐於母口。（前七，十七。）

勿蠠帚娘子予。（同上四，一。）

帚卽婦。其後各字當係婦之姓，與商人的子姓不同，尤足爲商人行外婚的確實證據。只帚好一條似與子姓相同，但這或係吳孟子狐姬之流，既不能據以斷周人內婚，就不能據這單條證商人內婚了。

退一步說，假使正義所說有其確據，亦只能說商人已不行姓外婚，而改行氏外婚，用民族學的術語說，卽已不行部外婚而改行團外婚。且引初民的一個例：北美易洛魁人(Iroquois) 的若干部落內分爲兩部，部各分四團。最初同部異團人亦不得通婚，只異部異團人方能通婚，這即部外婚。據莫爾根說，這法度漸漸鬆懈，直至通婚的禁止只限於其人的團內。（易洛魁聯盟 League of the Iroquois, 79 頁，83 頁）這即團外婚。易洛魁人係由部外婚變爲團外婚。北美的胡倫人（Hurons）亦係若此。在昔同部及同團人皆不得通婚。後來同部通婚的禁令加以廢除，但同團者仍舊保存。部已失其外婚性質以後，團的外婚性質仍舊存在。（康乃利 Connelly 著韋安都人 The Wyandots, 106 頁）若是者尚有其他證據，但舉這兩個已經能看出部外婚變作團外婚乃普通現象，反過來，團外婚以前亦必曾行部外婚，因爲部就是個總團，團亦即等於支團，團出自部，支團出自團，亦猶宗法社會之小宗出自大宗，但後來新的次級小宗更能自小宗分出。假使商人行氏（團）外婚，則以前必有姓（部）外婚的實行在前，這不與上面各節同能確證商人實行或曾行外婚制麼？

親屬稱謂的研究亦能證明圖騰社會的存在，實在說，稱謂亦係圖騰制度及外婚的結果。親屬稱謂的發現由於莫爾根，他在北美易洛魁人（Iroquois）的細尼加（Seneca）部落中首次看出，最初他以爲這只是這部落的特別現象，後來他擴大調查，始知這非細尼加部落所獨有，亦非易洛魁人所獨有，而為大部北美印第安人所皆有，雖然所用的語言不同，其稱謂的性質則一。現在民族學所知，這類親屬稱謂的區域更遠擴至澳洲、非洲、亞洲。莫爾根曾列舉若干特性，茲略識若下：

(1)假設我係男子，我稱我的弟兄的子女為子為女。

(2)仍假設我係男子，我稱我的姊妹的子女為甥。（細尼加語：Ha-ya' wanda, Ka-ya' wanda）

假設我係女子，我稱我的兄弟的子女為姪。（細尼加語：Ha Soh' neh, Ka-Soh'neh。我們須注意細尼加人對甥姪兩字並不相同，雖然歐美學者譯成同一的 nephew 或 Niece 字樣。）

假設我係女子，我稱我的姊妹的子女亦為子為女。

(3)稱父的弟兄亦曰父。

(4)稱父的弟兄的子女曰兄，曰弟，或曰姊，曰妹。

(5)稱父的姊妹為姑。

(6)稱母的弟兄為舅。

(7)稱母的姊妹亦曰母。

(8)稱母的姊妹的子女曰兄，曰弟，或曰姊，曰妹。

(9)稱祖父的弟兄亦曰祖父，他亦稱我爲孫。

在這九個特性以外，尚有一件，莫爾根雖未將之列入特性而亦不較次要的，即弟與兄、姊與妹的稱謂各不相同，而非若近代歐美人用概括的弟兄或姊妹字樣。

現再看我國古代的稱謂亦是否與此相合。

(1)這條與(3)實在是一件事的兩面，可以說稱我爲父者我謂之子。戴仲達說：

今人謂兄弟之丈夫子亦曰姪，非也，古者兄弟之子皆曰子。漢書疏廣傳：與其兄子受，父子並爲師傅。後漢書蔡邕傳：蔡邕與其叔父質得罪，上書自陳，亦曰言事者欲陷臣父子。晉書謝安傳：安與兄子玄，父子皆著大勳。世說：江左殷太常父子。亦指殷融及其兄子浩。

其說甚是，足證漢晉人猶稱叔姪爲父子。並且顏氏家訓對此所說甚明，他說：

晉世以來，始呼叔姪。（風標篇）

以前只稱父子，後少演變，而稱爲兄子、弟子；兄子、弟子稱父的弟兄爲伯父叔父，此亦猶弟兄之以伯仲叔爲次序也。並且卜辭及商句兵稱父輩皆曰父，不分叔伯，周初始見叔父之稱。不論稱爲伯父、叔父，終末離父（伯叔不過是長幼的分別），不論稱爲兄子、弟子，終末離子。後更簡稱伯父叔父爲伯叔，但兄子、弟子無法簡稱，所以取姑對姪的稱謂同化而稱爲姪。其實兄子弟子、在初民社會看，仍舊猶子。（檀弓：兄弟之子猶子也。）

（2）這條的前一項與（6）亦係相成的。爾雅釋親說得甚明：

母之晜弟爲舅。

謂我舅者，吾謂之甥也。

釋名亦說：

舅謂姊妹之子曰甥。

（3）見（1）條。

（4）顏氏家訓風操篇說江南風俗：「同昭穆者雖百世猶稱兄弟。」現在族人同輩者仍然若是。

（5）這條與（2）第二項亦係相成的。

在（1）條已說明晉以前姪之稱只限於姑之對姪，不旁及於兄弟之子。爾雅釋親：

父之姊妹爲姑。

女子謂晜弟之子爲姪。

姪之名，古人不限於兄弟之子，對兄弟之女亦同。左傳僖公十五年：

姪其從姑。

指子圉，秦穆夫人之姪也。左傳襄公十九年：

齊侯娶于魯曰顏懿姬，無子，其姪鬷聲姬生光。

襄公二十三年傳：

臧宣叔娶于鑄，生賈及爲而死。繼室以其姪，生紇。

此兩事皆指姪女。足證姪係男女之通稱，說文解字女部謂「姪，兄之女也。」實誤。由此頗能明白甥字之所以從男，（較前只作生，甥係後起字）姪字之所以從女。甥爲舅對甥之專稱，舅字從男，所以甥字亦從男；姪爲姑對姪之專稱，姑字從女所以姪字亦從女。

（6）見（2）條。

（7）這條與（2）第三項亦係相成的。爾雅釋親：

母之姊妹爲從母。

這亦與謂父之弟兄爲從父相似，（爾雅中雖無明文，但有從父兄弟，從父二字當亦能成爲名詞。）曰從父仍舊係父，曰從母仍舊係母，這只係稱父稱母的演變。釋親著作時代已入宗法久建時候，而稱謂尚如此，則以前圖騰社會之直曰父曰母，似無疑義。並且從外婚上看，亦自然當若此。否則，反難說明各現象也。

（8）這條雖無明文，但既謂姨母爲母，則姨母之子自然稱兄弟，釋親謂爲「從母晜弟」，晉代稱爲「姨昆弟」，（左傳襄公廿三年杜注，與今俗同）仍舊未去兄弟稱也。

（9）子既稱父的弟兄亦曰父，孫自然亦稱祖的弟兄亦曰祖父。現在北方俗稱祖父曰爺爺，稱其弟兄亦同，只加行幾以別之，仍舊古習俗之少變者。且卜辭中亦稱祖父之弟兄亦曰祖，與祖父同。

此外初民稱兄與弟、姊與妹，各不相同，而非若現代歐美人稱兄及弟用同一名詞，稱姊與妹亦用同一名詞。

爾雅釋親：

男子先生者爲晜，後生者爲弟。

女子先生者爲姊，後生者爲妹。

這習俗直保存到現在。

總觀以上各條，親屬稱謂在我古代與初民所用者皆同，其中尤以稱父之弟兄亦曰父，而與稱母之弟兄曰舅者不同；稱母之姊妹亦曰母，而與稱父之姊妹曰姑者不同。在現代歐美人則稱舅與稱叔同，稱姨與稱姑同也。然世界上現在若初民稱謂的實佔多數若歐美則甚少也。

既有親屬稱謂，則史前時代亦必會有外婚制；否則，親屬稱謂的存在就不合理。請詳陳其說。

前面已經說過外婚制不只是同姓不婚，並且是某某兩團必須互相通婚。茲假設部落中有狼鷹兩團，不只狼團男人不許娶狼團女人，鷹團女人不許嫁鷹團男人，並且狼鷹兩團須互為婚姻，即狼團男人只能娶鷹團女人，鷹團男人亦只能娶狼團女人，試更列表若後：

十號表示婚配，數目則表示代數，兩團既互為婚姻，狼團表中之鷹女1、鷹女2、鷹女3，亦即鷹團表中之同號數人，反之，鷹團表中之狼女1、狼女2、狼女3等亦即狼團表中之同號數人。茲表以父系為根據，但社會若係母系，其性質仍然相同，只須

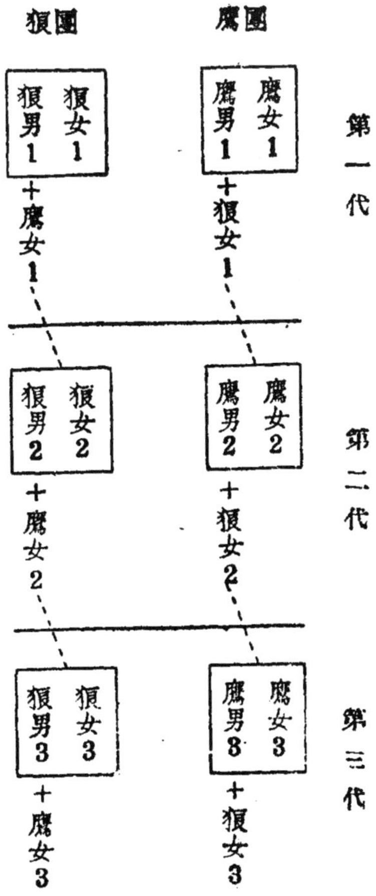

將兩表中所有男字變爲女字，所有女字變爲男字。試取狼男2觀之，他是狼男1之子，狼女1既係狼男1之姊妹，卽狼男2之姑；但狼女1乃鷹男1之妻，卽鷹女2之母，狼男2既與鷹女2結婚，則狼女1亦卽狼男2之岳母，狼男2之姑與其岳母實係一人。然古人稱岳母亦曰姑，坊記：

壻親迎，見於舅姑。鄭注：舅姑，妻之父母也。

爾雅釋親稱爲外舅、外姑，加外字以別之，乃較後的方法。

狼男2乃鷹女1之子，鷹男1係鷹女1的弟兄，亦卽狼男2之舅；但鷹男1亦卽鷹女2之父，卽狼男2的岳父。狼男2的舅及岳父實係一人。照上條所說，古人亦稱岳父曰舅。

狠男1乃狠女1之弟兄，亦卽鷹女2之舅；但他亦卽狠男2之父，卽鷹女2之翁（北方俗稱曰公公），鷹女2之舅與其翁實係一人。古亦稱翁曰舅，禮記諸篇所載甚多，不須細引，釋親亦謂：

婦稱夫之父曰舅。

鷹女1乃鷹男1之姊妹，亦卽鷹女2之姑；但她亦係狠男2之母，亦卽鷹女2夫之母（北方俗稱婆婆），鷹女2之姑與其夫之母實係一人。古亦稱夫母曰姑。釋親：

稱夫之母曰姑。

說文解字女部威下引漢律曰：

婦告威姑。郝懿行曰：威姑卽君姑。

惠棟等說同，則漢人仍保存這稱謂。

舅姑的稱謂既已說明，初民更稱甥之子、姪之子，亦曰孫。這毫不足怪異，試觀前表中之狠男3，他是狠男2之子，亦卽狠女1之姪之子，但同時亦卽狠女1之外孫，姪之子與外孫實在仍是一人。狠男3乃鷹男1之甥（狠男2）之子，但同時是他的外孫，甥之子與外孫實係一人。爾雅釋親說：

男子謂姊妹之子爲出。

謂出之子爲離孫，謂姪之子爲歸孫。

不論其爲離爲歸爲外，皆尙未離孫字。較前想並離歸外字樣而無之，只稱曰孫。這並非無據的假設。外孫之外當亦若外舅外祖之外字之後加者。外舅外姑上文已經說過。至於外祖父母，初當只稱祖父母。顏氏家訓風操篇：

無風教者，其父已孤，呼外祖父母與祖父母同，使人爲其不喜聞也。雖質於面，皆當加外以別之。

河北士人，皆呼外祖父母爲家公家母，江南田里亦言之，以家代外，非吾所識。

前條所說係江南風俗，後條則謂河北，北齊時這樣稱謂尙遍及南北，由此足證。北齊距宗法社會初建時已千餘載，而田間及無風教者（平民階級）尙保留着這遺痕。我們知道對某項制度時常貴族久已改變，而平民往往保存不變，稱謂想亦其中之一。

舅姑的稱謂既已說明，吾人卽能明白史前時代曾實行外婚制，極爲顯然了。若彼時只行同姓不婚而未行外婚，則狠團之甥可以娶任何他團的女子，不必須娶狠團的女子，則甥與壻不能變爲二位一體；鷹女亦可嫁任何他團的男子，不必須嫁狠團，則姪與婦亦不能變爲二位一體。變二位爲一體者，只能由於外婚制。史前曾行之，觀此已無疑義，同姓不婚只係其演變，廣義的外婚而已。

並且鷹男3，鷹女3，一方面係狼女1之孫；另方面他們是狼女2之子，亦即狼女1之姪之子，姪之子與孫實係一人。狼男3，狼女3，一方面係狼男1之孫；另方面他們是鷹女2之子，亦即狼男1之甥之子，甥之子與孫亦係一人。由這方面觀之，稱姪之子、甥之子皆曰孫，亦與初民同也。

(三)團員須祭祀圖騰　上文已講過高禖乃商人的圖騰廟，這自然爲的受團員祭祀。上文又說過家族乃演變的圖騰團，以前團員共有的權力到家族時代皆集中在家長一人身上，以前團員共有的圖騰至是變爲祖先。由後來家族各員皆須祭祖看起，則以前團中各員亦須祭圖騰自無疑義。

(四)團員皆有爲同圖騰團員復仇的義務　這條亦可用與上條同類方法證明。曲禮：

兄弟之讎，不反兵而鬬。

團員既互視若弟兄，則皆有爲同團團員復仇的義務，亦甚明顯。並且現在閩廣間尚有兩族械鬬的風俗，愈古家族團結性愈烈，則復仇的義務亦必更嚴格了。

（五）圖騰按時與團中婦女配合，族首領出現後，他尤喜歡同首領的婦人配合。這種禮節，原始社會間常有，而據較晚記載，以前埃及亦行過這禮節，不過甚祕密，不使外人知道罷了。上文講玄鳥圖騰時，已講過祀高禖，亦卽此禮。按詩魯頌閟宮毛傳引「孟仲子曰：卽高禖也。」詩傳引孟仲子說者二處：一此傳，一爲維天之命傳。譜云：孟仲子者子思弟子。孟子公孫丑篇趙岐注：孟仲子，孟子之從昆弟學於孟子者也。陸璣詩艸木疏云：子夏傳（詩）魯人申公，申公傳魏人李克，李克傳魯人孟仲子，孟仲子傳趙人孫卿。孟仲子當與孟子同時，並嘗傳詩，閟宮卽高禖，亦必係舊說。姬姓之有閟宮，等於子姓之有高禖。姬姓傳說只謂「厥初生民，實維姜嫄。」（詩生民）這已經係演變後的辭句。最初必亦如商人所謂玄鳥生商而謂𦣞生姬姓，閟宮卽這個𦣞圖騰的廟。或亦如埃及人之祕密，所以閟宮的閟變爲祕爲秘，引申爲普遍祕密之稱。而祕爲祕神，其所居則爲閟宮，亦與希臘上古稱其祖先之祀爲祕祀相類。蓋希臘人祀祖時，不使異姓看見，所以其名稱如此。後來𦣞圖騰傳說變化，姬姓不再自稱直出自𦣞，只出自姜嫄，於是閟宮亦變爲姜嫄之廟。最初閟宮亦與高禖相似，乃圖騰與團中婦人配合而生團員的地方。

最古的圖騰乃平等的組織。進化派的民族學家如莫爾根等，則以爲圖騰社會係平等的；批評派如羅威 Lowie 等則反對這說，以爲圖騰社會不必須平等。這兩種相反的學說表面雖像互不相容，其實細審思圖騰團的內容，卽能明白兩種皆含一部分的眞理。圖騰團的基礎建在各員同奉一種圖騰並皆信同出自這圖騰這種原則之上，旣同出自共有的圖騰，自然無所謂軒輊，所以皆平等。但原始人並無人類的概括觀念，並且恰與相反，以爲每個團體各出自一種圖騰，所出不同，則種類不同，玄鳥團人以爲出自燕，自然與虞團人之自以爲出自虞者不同。所以同圖騰的人平等，而對異圖騰者則否。進化派所說專指前者，批評派所說兼指後者。在團內看自係平等，連團外看自然不平等。記載所謂同姓、異姓，卽同生、異生，若將現在人本家、族人的觀念加強若干倍，或能得其彷彿。蓋地位同於狹義的族人，而情感則似近代的同黨。春秋時人說：

神不歆非類，民不祀非族。（左傳僖十年）

非我族類，其心必異。（成四年）

神卽圖騰的演變，他不受異圖騰人（非類）的祭享，祭享他亦不吃；人亦不祭他自己以外的圖騰，祭亦得不到保佑。不只如此，不只兩方面互不相干，並且異圖騰則心亦異，尙能有非善意的舉動，所以歧視異圖騰的人，不與平等。經周代文化統一以後，這種觀念遂擴充至諸夏蠻夷的區分，視諸夏如同團，視蠻夷如異團。直到義和團仍然是受這個演變而擴充的圖騰觀念的傳統支配。

下文所說平等自然只指圖騰團內部而言。中國古代圖騰社會是否平等的，現在無直接證據，但頗有遺痕可供觀察。最重要的就是現在中國家族尙保存着一件平等共有的事物，就是姓，凡同族的人皆冠他，任何人不能私有，亦不能多有少有，爲以前歷代祖先、爲以後歷代子孫、爲現存族中各員所平等共有，還有事物的平等共有意義更高過此的麼？此外在祀祖觀點上，同族人皆有祀祖的權力、義務，亦是平等的。春秋時家族亦有共有的族產，如墓田等。曲禮中亦言「父母存，……不有私財。」固然這只說財產應歸家長，但家長乃政權集中後的現象，以前政權尙未集中時，家長尙未產生，後來家長所有的權力皆爲全圖騰團所共有，則後來屬家長的財產，亦因此而爲全圖騰團所共有，自不待言。凡此諸端，似皆能證明中國的古代圖騰社會與其他圖騰社會無殊，亦係平等的。

呂氏春秋亦說：

昔太古常無君矣，其民聚生羣處，知母不知父，無親戚兄弟夫妻男女之別，無上下長幼之道，無進退揖讓之禮，無衣服履帶宮室畜積之便，無器械舟車城郭險阻之備。（恃君篇）

既無君，亦不分上下長幼，自然團員皆平等。

最古圖騰團尙有他種特性，卽恃君篇所謂「知母不知父」，最初社會乃母系的，父系爲較後的演變。爲何如此？解釋似非常容易。據民族學家的觀察，原始社會人根本不懂交媾與受孕的聯絡，他們以爲這完全係兩件事。民族學雖有派別的紛歧，各派學說亦常聚訟，但對這節卻異口同聲，毫無異論。足證這現象的確實且普遍。今人自然以此爲怪，但若觀察簡陋的原始思想狀態，亦就能明白這種不懂亦有理由。食必能止飢，飲必能止渴，但交媾不必能受孕，且有夫婦終身交媾而不受孕者。足見交媾與受孕不發生聯絡，否則每交必受孕，亦如食必能止飢，飲必能止渴者。並且他們相信團員之生，皆由團婦與圖騰交配的結果，上文講高禖時已言之。於是愈信團員之生只須母而不須父。團的重要目的在圖騰（同姓）的繁生，而繁生的責任、能力，全在婦人身上，男子毫無所負。男子遂變爲婦人的附屬品，自然社會變成母系的。

除恃君篇那句以外，晉語尙有一段與母系社會極有關係的文字，但罕爲研究古史者所稱引。茲因其文極重要，將全文抄錄如下：

秦伯歸女五人，懷嬴與焉。公子使奉匜沃盥，既而揮之。嬴怒曰：秦晉匹也，何以卑我！公子懼，降服囚命。秦伯見公子曰：寡人之適此爲才，子圉之辱，備嬪嬙焉。欲以成婚，而懼離其惡名，非此則無故。不敢以禮致之，歡之故也。公子有辱，寡人之罪，唯命是聽。公子欲辭。司空季子曰：同姓爲兄弟。黃帝之子二十五人，其同姓者二人而已：唯青陽與夷鼓皆爲己姓；青陽方雷氏之甥也，夷鼓彤魚氏之甥也。其同生而異姓者，四母之子別爲十二姓。凡黃帝之子二十五宗，其得姓者十四人，爲十二姓：姬，酉，祁，己，滕，箴，任，荀，僖，姞，儇，依是也。唯青陽與倉林氏同于黃帝，故皆爲姬姓。同德之難也如是！昔少典娶于有蟜氏生黃帝炎帝。黃帝以姬水成，炎帝以姜水成，成而異德，故黃帝爲姬，炎帝爲姜。二帝用師以相濟也，異德之故也。異姓則異德，異德則異類，異類雖近，男女相及以生民也。同姓則同德，同德則同心，同心則同志，同志雖遠，男女不相及，畏黷敬也。黷則生怨，怨亂毓災，災毓滅姓。是故娶妻避其同姓，畏亂災也。故異德合姓，同德合義，義以道利，利以阜姓，姓利相更，成而不遷，乃能攝固保其土房。今子於子圉，道路之人也。取其所棄，以濟大事，不亦可乎？

這篇所謂黃帝之子二十五宗，爲十二姓，似不甚可靠，上文已經提及。除此以外，其中議論極堪注意。春秋時社會早已父系化，觀詩書左傳等記載卽知。知此則這篇文章是與彼時社會不合的，這必非司空季子所造，或得之於同時人的意見，這必係早過司空季子的一篇舊說。觀秦伯如彼愛懷嬴，公子又那般希望秦助他返晉，拒絕懷嬴就無異開罪秦穆，豈非最下的外交政策。晉文終以爲子圉之妻，不欲納，足證父系社會已根深蒂固，晉文久已受這說的束縛，不能自拔。司空季子深知這情形，欲加以解說，使晉文亦能有以自解。但當時掌故、典章，皆係父系社會的，皆反對這種舉動，所以皆不能引用，只得往非父系社會找尋，於是他就引用這篇母系社會的舊說，他開口就說「同姓爲兄弟」，同姓卽同生，同由一母所生者方爲兄弟。他並引黃帝炎帝及黃帝諸子爲證。黃帝炎帝皆少典之子，但不同姓；黃帝諸子亦各不同姓。最重要的是「今子於子圉，道路之人也。」這句非照母系社會無法解釋。左傳所記與前幾句相同，至降服囚命止，只略少幾個不甚重要的字，足證兩書所取材料相同。左傳删去降服囚命（左傳作降服而囚）以下，想卽因這篇的議論與當時的父系社會過於不合，覺着他過於突兀，所以未採。今將晉文與子圉的關係，按照母系父系兩種社會分說如後。

據左傳晉獻公娶狐姬生重耳，娶小戎子生夷吾。文公與惠公雖同父不同母，但照父系看，子圉是惠公之子，卽爲文公的胞姪，當然不能說係道路之人。

晉文之母狐姬姓姬，照母系看，他亦姓姬；惠公之母姓子，（杜預以爲子作女解，我以爲小戎子卽子姓。這與所研究並無關係，無論允姓子姓，小戎子與狐姬不同姓。）他亦就姓子，兩人並不同姓。惠公娶梁嬴生子圉，見左傳僖十七年。子圉按母系看，應姓嬴，與文公之姓姬亦不同，自然是道路之人了。反過來，稱子圉爲道路之人亦足證這篇所說皆係母系社會。所以晉語這篇實在是證明中國古代曾有母系社會的無上文獻。

此外春秋時亦尙餘有母系社會的痕迹。方社會變爲父系後，子女皆從父姓，亦卽說奉父族的圖騰，但對他們舊章應姓的母系圖騰亦常仍保留着痕迹，譬如將母族圖騰留作次要的圖騰。原始人常常如此。春秋時宋有公子穀甥，鄭有富父終甥（皆左傳文十一年），甥卽生。穀及終想係穀甥及富父母姓。莊公六年鄧有騅甥、聃甥、養甥，杜預以爲「皆鄧甥之仕於舅氏者」，非是。觀同篇鄧祁侯稱楚文王爲吾甥，則他們乃騅的甥、聃的甥、養的甥，他們乃鄧人，而騅聃養乃他們的母姓。並且荀偃稱其子荀吳爲鄭甥，（左傳襄十九年，鄭甥疑荀吳的小字。）杜預謂爲鄭女所生，尤爲明顯。

不只男子有如是取名的習俗，女子亦有之。齊靈公夫人顏懿姬，其姪曰鬷聲姬。杜預說顏鬷皆二姬母姓，因以爲號。顏出自郲，姓曹而不姓姬，顏懿姬之稱自非如齊桓公如夫人宋華子之例，華則子姓之分氏，顏則非姬姓之分氏，足證杜說頗合理。

舅父在母系社會的地位極高。彼時婦人雖有高等名位，但不必須行使政權，而家中事物皆由其弟兄卽其子女的舅父代管，而不由其丈夫代管。周朝稱異姓曰伯舅，以表恭敬，與稱同姓曰叔父相對，尙係以前舅父的餘威。周頃王亦說：夫齊甥舅之國也。（左傳成二年）因爲兩部互婚的關係，舅父與岳父實在是一個人，舅父亦卽姑的丈夫，他亦卽姑夫，釋生篇及前邊已經解釋明白。所以甥舅關係極密切。春秋魯夫人多姜氏，雖不敢說前代之姜必係後代之姜的姑，但魯夫人多娶自母族，則係極明顯的事實。這仍係母系社會的舊章保留到父系社會的一種。蘇洵嫁其女時，曾賦詩曰：世人婚姻重母族，……蓋其壻乃其內姪。這足證宋朝仍有此習俗。（蘇詩題記憶不清，手邊無書可查，恕不注明。）直到晚近，所謂姑舅婚仍極通行，仍係原始社會的餘痕。

由以上所舉各證觀之，最重要者卽圖騰卽姓，而由圖騰制度以衍出者若外婚制、行輩稱謂等，以及圖騰社會之平等共產性質，我國古代與近代初民無殊。但人類是進化的，環境變遷，思想亦因之改變，而社會組織亦同時受其影響。簡單的說，人類可謂無時不在改進之中，亦等於宇宙亦無時不在改動之中。圖騰制度既已成立，亦卽將發生改進，於是其演變生焉。現對古代圖騰制度既已闡明，下篇將觀察圖騰及圖騰團的演變及演變後所發生的現象。

下篇

圖騰亦卽古代所謂姓，爲團中所共奉，圖騰團亦爲平等共有的社會，用各種證據，證明他們皆曾存在於古代中國，已若上篇所述。但圖騰社會變至宗法社會，平等的社會變至政權等差化的社會，並非立蹴而至，中間曾經過長時間的演變。這篇的目的卽在觀察中國古史中這些演變若何。演變約分爲四種，互相牽涉，其發生或亦約略同時。這卽(1)圖騰團的父系化；(2)圖騰的個人化；(3)圖騰的地方化；(4)圖騰團的地域化。由(1)(2)生出感生帝、生祖、始祖及首領；由(3)生出社的祭祀；由(4)生出村落邦國。茲按次序分章言之。

一　圖騰團的父系化

社會由母系變爲父系，這在現今民族學上尙是一個聚訟的問題。譬如莫爾根對母系社會的較原始性毫未懷疑，弗萊則對此則猶疑不決，一方面他覺着母系似較父系優先，但另一方面他覺着母系父系社會或曾同時並存。（圖騰制度及外婚制，第四册，125等頁）因爲這問題實在太廣汎了，而現在學者的思想又爲父系社會模型得太久且深了。在現代初民社會內，同時既有母系者，亦有父系者。兩系並存，固然不在同團內；此外另有若干團，方在兩系變化的中間。有人以爲這中間社會乃由母系變到父系的現象，這些人自然以爲母系社會較前存在；但另有人以爲中間社會乃由父系變到母系的現象，這些人自然以爲父系社會較前存在了。這問題的焦點亦在於此。但吾人若想到初民對父性的觀念，這問題亦迎刃而解。初民對交媾與受孕的聯系根本不明，已若上篇所述。（固然我倘能引用若干證據，但這篇文字已愈寫愈長，如是將永無寫完之時，由這問題且將引起其他若降生等問題，所以此處恕不徵引，在另篇拙著中詳說，請讀者參考之。）初民對父性的不明悉，即由於他們對受孕的眞相不明，而不必由於雜交或羣婚而不能確識其父若有些人所假設者。雜交或羣婚亦是民族學上聚訟的問題，若能用其他現象說明初民父性問題，則終以不引用他們爲上。父性既不明悉，當然不能組成父系的社會。反之，母性乃極明顯的事實，雖極幼稚的初民，對此亦不容有所狐疑，母系社會之較原始乃自然的現象。並且原始父性研究的權威哈特蘭（Sidney Hartland）亦謂在現代初民裏，只看見母系變成父系的現象，至於相反的現象，則未曾有，他在其著作中不惜屢次中說這點。

再細看古史上的記載，由商人的兄弟繼立的習俗，及祀父的典禮看，商人至少在成湯以後，已走上父系社會；他們若尙無周代這般父系化的宗法，至少他們已漸趨向父系化。周人則至少西周以後，已經進到父系社會，並且彼時大部分先進人民亦然。但自此以後，吾人並未見社會由父系而變向母系的現象。但由呂覽恃君篇及晉語則能知在商周父系社會以前，曾有母系社會，足證母系社會之較原始。並且商人之始祖契以前，更有女性的簡狄；（若以簡狄或係後人造的名字 亦可說女性的有娀，這已見於商頌。）周人之始祖稷以前，更有女性的姜嫄，這不愈足爲證麼？這些證據亦與哈特蘭所說的普遍現象相合，並能佐助他的學說。

看周初的歷史，更有一個間接的證據。周初創業佔重要地位的人，當首推周公太公。周公是「文王之子，武王之弟，成王之叔父，」他的重要在父系社會中自不成問題；但何以太公亦與同「股肱周室」呢？吾人若想及母系社會舅之地位，就能明白這並非奇異。母系社會在團中有重權的人，並非婦人之夫，而係她的弟兄，卽其子之舅。初民社會首領地位的繼承，常由舅以傳甥，不由父傳子，甥常聽舅的指導而不聽其父。

太公是邑姜之父，卽武王之舅，他能與周公有同等地位，卽因彼時社會雖已入父系，但舅之餘威尚未盡泯。至成王之崩，迎立康王時，太公之子呂伋亦率虎賁去迎接。呂伋乃成王之舅，用他去迎立成王之子，這亦是件值得三思的事，恐亦係舅的餘威罷！周初對舅的重視雖然若此，然至東周，王室卿士就皆變成清一色的同姓，卽魯衞之卿亦莫不屬於姬姓者，雖然彼時習俗仍用外婚，然異姓之舅之權終竟為同姓兄弟打倒。這不亦間接證明母系社會之較原始麼？

東周舅氏之對甥佔重要地位者，只晉文之舅子犯，但晉文原係大戎狐姬之子，且晉原受有落後人民的影響，（左傳定公四年：「啓以夏政，疆以戎索。」且狄人歸季隗，而請其二子。當時狄人必尚係母系社會，所以留甥於舅家也。）晉受有落後人民的習俗，所以男的權威較他處爲重，這愈足證明上面假設的合理。

總上篇及此節所列，我國史前確曾有過母系社會，並且由母系社會逐漸父系化。

二　圖騰的個人化

史前時母系的圖騰社會恰是後來宗法社會的相反，姓氏皆由女子以傳，男人毫無足重輕；恰若宗法社會之繼承由於男子，女子亦無足重輕者。後來生活狀態既漸改變，思想狀態亦隨之而變更，社會漸父系化，於是男子漸漸擡頭，增加重要。以前只有圖騰，爲全團所共奉；只有始祖妣，爲「厥初生民」。譬如商人以玄鳥爲圖騰，以簡狄爲始妣；周人以姬爲圖騰，以姜嫄爲始妣。彼時固無所謂始祖，男子尙無地位；亦無所謂始妣之夫，受孕的眞相尙未分明。及社會已父系化，至少漸父系化，始祖亦漸漸出現。從此圖騰與始妣所生的是始祖，不再是女系全體。以後的子孫皆出自始祖，只間接出自圖騰，不再若以前的直接了。

上篇中已講過玄鳥故事，此處仍舊是無上例證。史記殷本紀：

殷契母曰簡狄，有娀氏之女，爲帝嚳次妃。三人行浴，見玄鳥墮其卵，簡狄取吞之，因孕生契。

從此玄鳥不再「降而生商」，與商人全體有關，而只與契發生關係；子姓不再是玄鳥所生，只因其始祖契而與玄鳥發生間接關係。

二、毛詩生民：

厥初生民，時維姜嫄。生民如何？克禋克祀，以弗無子，履帝武敏歆，攸介攸止，載震載夙，載生載育，時爲后稷。

履帝武敏歆，鄭箋釋作履大人迹，史記亦謂：

姜嫄出野，見巨人跡，心欣然悅，欲踐之。踐之而身動如孕者，居期而生子。

我在上篇中已經說過周的圖騰神話經過較姒姓子姓的更長的時間方纔寫定，所以他的變化更多，距原來面目愈遠。譬如此處，所謂帝係何人，帝與姬圖騰的關係若何，絲毫不能看出，必非最初面目。若謂帝卽上帝，概括觀念的上帝，在圖騰變爲神，再變爲最高神以後始能有，愈足證這神話爲極後的變相。最初必是匝生姬姓，再變而爲生后稷，於是周的始祖稷出現。

此外各姓皆有始妣及始祖的傳說。如帝王世記所載：

燧人之世，有巨人跡出於雷澤。華胥以足履之，有娠，生伏羲，長於成紀，蛇身人首。有蟜氏之女名女登，爲少典正妃，游於華山之陽，有神龍首感……生炎帝，人身牛首。（黃帝）母曰附寶，……見大電光繞北斗，樞星照郊野，感附寶，孕二十五月，生黃帝於壽丘。

但吾人對這些須極端愼重採取，因爲甚難分辨眞僞。譬如上面所引，伏羲相傳是風姓的始祖，炎帝是姜姓始祖，黃帝是姬姓始祖，但在傳說中看不出他們與他們的圖騰關係。若這些果有淵源，雖非初型，然仍係變體，尙可供研究的材料。但恐皇甫謐等看見幾條圖騰神話而不明白其產生的原因，遂理想仿造若干條分配給每個帝王，則援用以考證上古圖騰制度，只能增加紛亂。所以對始祖問題有興趣者，萬不可看見無論何書所載有近似始祖神話者就加以採用，必須愼重研究始祖與圖騰的關係。若兩者有關係，這傳說就似非僞造。若兩者毫無關係，這團始祖反似與他團的圖騰有關，就最好存疑，以待考古學將來的佐證。否則，不加批評而輕信，只以其「言不雅馴」，就信爲確係初民的，這是極危險的事。

雖然如此，吾人須重視古帝王感生的傳說，不論其眞僞若何，多半只提及其母，提及父者只有少數。凡作僞者勢不能憑空直做，必須有所本，並且須模仿這藍本。由現在的眞僞傳說，吾人可以結論眞傳說中必係知「有母而不知有父」，更爲母系社會較早增加佐證。

始祖既出現，圖騰與全團的關係既已由直接變爲間接，圖騰遂漸爲始祖所獨有，這是圖騰個人化的第一步。

社會既至父系以後，人皆有父，於是始祖之無父而生自圖騰，自然不能再爲人滿意。從此始祖有了父，始妣有了夫，這就是生祖。圖騰變爲生祖，這是圖騰個人化的第二步。以前父的位置，爲圖騰所篡，經過了幾千年或至於幾萬年的時間，父性終竟復辟。但眞的楚懷王已經「入秦不返」，追尋無處，義帝乃是假楚懷王，生祖的名字實係後人假設追贈的。

近代民族學家、社會學家，對始妣問題，似未甚分明，因而常將始祖、生祖兩者混爲一談，總稱爲祖（ancestors），我認爲有細加分析的必要。所以我建議生祖這字專指圖騰演變的祖，他與圖騰仍舊是一個，他是始祖的父，所以亦稱曰祖；他是圖騰（生）的演變，所以稱爲生祖。

圖騰終究太有勢力了，他雖變成人形，變成生祖，他的積威仍不斷的憧憬於全團員的心中，感孕的神話仍舊蒂固不拔，與生祖成了並存之勢。但兩者又不能並存的，爲調和這兩說，於是感生帝出現。一面始祖有生祖爲父，另方面始祖之生卻不由於生祖而由於感生帝之感生，圖騰個人化至此遂達第三階段。

總起來說，最初範型只有圖騰及始妣；一變而始祖出現；再變而圖騰分化爲生祖；三變而生祖與感生帝並存。爲明瞭起見，更列表如下：

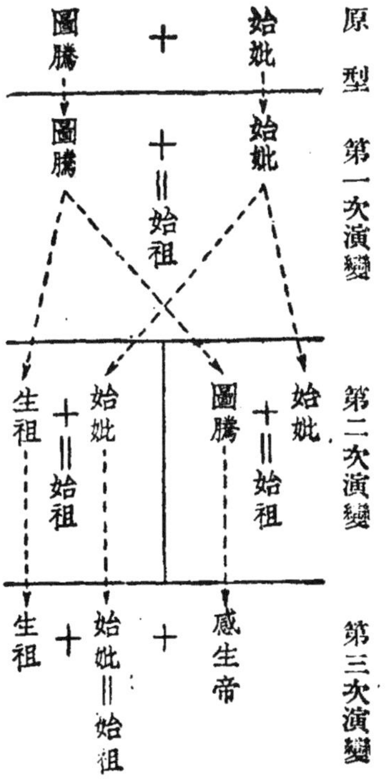

加號＋表示配合（事實的或假設的，初民並未分辨），雙線‖表示生，點線矢頭表示演變的途逕。

最初感生帝不必限於五帝，如漢人所謂，恐怕各團各有其感生帝，民不祀非族感生帝仍舊是圖騰的演變，這團既不祀彼團的圖騰，自然亦不承認他團的感生帝。後來政權漸趨統一，文化亦漸趨統一，上帝的觀念亦漸統一，各感生帝亦爲上帝所吸收，不過感生帝的離心力仍舊存在，於是感生帝變成上帝的變體。更後因五德相代之說而感生帝限於五帝，感生帝自身的變化如此。

吾人試再觀察商人的這種演變。

簡狄這個人曾存在於何時代，甚至契是否確係簡狄所生，這問題對考證古史雖甚重要，但對圖騰研究所關則輕。在原則上說，歷代商人皆由玄鳥團的婦女感自玄鳥圖騰而生者，不獨契之生若此。契決不是以玄鳥爲圖騰的第一人。方母系時代，團之傳世在於女子的身上，男子無足重輕，決不能流傳男子的名字至於甚久，更不能以男子爲始祖。在契以前，玄鳥團當久已存在，不過以前的男團員的名字，皆因男子在團內之無地位，未傳至後。簡狄若係玄鳥團的始妣，她就不能生契；她如果係契之母，她就非玄鳥團的始妣，兩者必居其一。契與簡狄的關係由此而生兩種假設。即（1）簡狄確係始妣，契以後商人一面祭始妣簡狄，一面祭始祖契，後人遂誤以簡狄爲契母；（2）簡狄確係契母，而「有娀方將，帝立子生商」之有娀則係始妣，後人誤以爲有娀即簡狄，遂生誤解。據現有材料，這問題只能提出而無法論斷，且待以後古物實證較豐富的時候，再行研究。觀傳說中時而「昌意以薏苡生」，（白虎通姓名篇）時而「禹以薏苡生」，（論衡奇怪篇）即知最初始祖之集中於某一人身上之說，尚未固定，玄鳥團或亦曾有過這類現象。但這些皆與圖騰研究不甚重要，所須知者，即姒姓以苢爲圖騰，子姓以玄鳥爲圖騰，無論昌意，無論禹，皆感苢而生者也。

同圖騰個人化問題相類的尚有個人圖騰。個人圖騰仍舊是圖騰，即說亦是生物或非生物，普通是動物或植物。他與圖騰團的圖騰，即與眞正圖騰的不同在於團者是共有的，而他只爲私人所奉，他既爲某人所奉，他亦保佑某人，他與這人的密切，可以說合而爲一。這人平常以他爲名，戰爭時他亦與這人同往戰場，初民所用的個人徽幟上常繪着他，埃及王戰爭時，圖畫上亦畫着圖騰在彼攻打敵人，如鷹王、蠍王皆然。愈上溯原始時代，人們愈信人及圖騰關係的密切，人卽圖騰，圖騰卽人，最初觀念想係如此。

個人圖騰卽古人所謂名。說文解字口部：

名：自命也。

淮南繆稱訓與此說同。說文解字無銘字，最初銘亦作名，銘乃後起字，所以周官小祝注謂「故書作銘，今書或作名」。初民常將他的圖騰畫在器物上，這類畫卽是他的圖騰，他的名，所以器物上的畫亦曰名，現在吾人尙能看見古陶器甚而至於古銅器上有單純的文字圖畫，卽此是也。後來這類名愈演變愈繁複變爲長篇的銘，爲分化起見，更造銘字以專稱這類名，其實最初只是一字。名亦卽個人圖騰。最初名不必只是個人圖騰，或者兼是團圖騰，名與姓同意，生團稱其圖騰爲生，另一團則稱其圖騰爲名。後各團混合而文字等差化、專門化，生只作姓解，名亦只作名字解。共有圖騰與個人圖騰同稱，在現代初民中亦有例證，澳洲的泫人（Yuin）（何惟特著澳洲土人部落 81 頁）及那里乃里人（Narrinyeri）（麥耶 H. E. A. Meyer 著安康特灣部落習俗 Manners and Customs of the Aborigines of the Encounter Bay Tribe, 在達布林著南部澳洲土人部落書中 Taplin, Native Tribes of South Australia, 197頁）亦皆用同字稱團圖騰及個人圖騰。這問題與先有團圖騰抑先有個人圖騰問題有關，但討論起來過長，非這篇論文範圍所能包括，現且不細說，只請讀者勿以爲名自初就是個人圖騰這層而已。

並且古人人名常用鳥獸草木等字，亦若個人圖騰之用動植物者。卜辭中常見夒，王靜安以爲即帝嚳。（觀堂集林殷虛卜辭中所見先公先王考）說文解字夊部：

> 夒：貪獸也；一曰母猴，似人。

足證帝嚳以獸爲他的個人圖騰。又說文解字内部：

> 禹：蟲也。
>
> 离：蟲也。

漢書古今人表契作卨，則禹卨各以禹蟲、卨蟲爲他們的個人圖騰。譬如後所謂舜十六官，其中多半以動植物爲個人圖騰。除虎熊羆夔龍的圖騰甚易看出外，垂之原字當即𠂹，說文解字𠂹部以爲象葉垂形，其初義想爲垂葉的樹，垂乃以垂樹爲圖騰者。朱以鼅鼄為個人圖騰。邾公鐘足證鼄即邾，亦即朱也。

不只譽禹契垂朱若此，即舜亦以舜草為圖騰。說文解字舜部：

舜：艸也，楚謂之葍，秦謂之藑，蔓地連華，象形。

茲舉這些人名為例。但此尚係其外表，他們並深信個人圖騰與他們中間有密切的同性，亦如其有圖騰之與團內各員皆同性者。名之質曰命，亦若生之質曰性，名與命古同字，亦若生與性古同字。左傳桓公二年：

師服曰：異哉君之名子也！夫名以制義，義以出禮。……嘉耦曰妃，怨耦曰仇，古之命也。今君命太子曰仇，弟曰成師，始兆亂矣，兄其替乎！

名子亦即命子，與「命太子曰仇，弟曰成師，」及桓公六年「命之曰同」相等，兩字古人通用。命與性亦同意，只團不相同，故字不相同而已。中庸：天命之謂性，亦即天生之謂性，所以性命兩字後成為一辭，最初兩字素無異義。

這性亦曰德曰類曰物，各視其所出自的團而不同。左傳桓公六年：

子同生，……公問名於申繻，對曰：名有五：有信，有義，有象，有假，有類。以名生為信，以德命為義，以類命為象，取於物為假，取於父為類。

玆先言德命爲義。德的普通解釋爲道德、德行，但若細加研究，書中不能都如此解釋。譬如孔子說：

> 天生德於予，桓魋其如予何！（論語述而篇）

若德只是德行、道德，則天如何能生德給孔子？並且有道德的人，桓魋何以不能奈何他？這頗不合情理。若比較左傳幾處說法，或能較容易求得德的初義。左傳隱公十一年：

> 王室而既卑矣，周之子孫，日失其序。夫許，太岳之胤也。天而既厭周德矣，吾其能與許爭乎？

宣公三年：

> 周德雖衰，天命未改，鼎之輕重，未可問也。

僖公二十五年：

> （王）曰：王章也，未有代德，而有二王，亦叔父之所惡也。

所謂周德當然不能解作周室的道德，代德若解作替代的道德尤不可通。漢書郊祀志：

> 自齊威宣時，騶子之徒，論著終始五德之運，及秦帝而齊人奏之，故始皇採用之。

五德終始之說雖始自騶衍，但物必有所自，更古必有新德代舊德之說，卽周王所謂「未有代德」之所由來，騶衍不過只將這說的德數目縮小，再將他系統化變成某德只能代某德而已。從前德的數目是無限的，並且不限某德必須某德代替。德是一種天生的事物，與性的意義相似。所以賈誼新書道德說說：

> 所得以生謂之德。

每個團體固然有其德（如周德），每個人亦各有其德，孔子所謂天生的德卽此。並且晉語：

> 異姓則異德，異德則異類，……。

足證每姓的德各不同；晉語又說：

> 黃帝以姬水成，炎帝以姜水成，成而異德，故黃帝為姬，炎帝為姜。

更足證每人的德不必盡同，亦能各有其德。所以每人的名字，各象其德，有禹德者卽名為禹，有舜德者卽名為舜，禹與禹蟲同德，舜與蕣草同德，這非個人圖騰而何？

最初德與性的意義相類，皆係天生的事物。這兩字的發源不同，這團名為性（生團），另團名為德，其實代表的仍係同物，皆代表圖騰的生性。最初說同德卽等於說同姓（同性），較後各團的交往漸繁，各團的字亦漸混合，有發生分義的需要，性與德的意義遂漸劃分，性只表示生性，德就表示似性而非性的事物。但研究圖騰社會時，我們仍須不忘德的初義。

最初共有平等社會，各人的德在一個團內必無軒輊，只有同異。後來政權漸趨向集中，於是等級發生，德亦有了差等，所以郊特牲說：

以官爵人，德之殺也。

德有高下，所以地位有高下，德的發生等差亦影響政權集中及等差化不淺。團德的高下亦幫助某團圖騰的發展及併吞其他圖騰。

圖騰社會既演變以後，一個人亦能有幾個圖騰，北美就有這類現象。這種圖騰常由併吞而獲得。古社會中似亦有痕迹可尋。初民常有以人祭祀的典禮，自然所用者必係敵人，這卽春秋時獻俘的前身，獻俘只保留祭祀禮節，而免殺其人。據社會學家的研究，用人祭祀是使圖騰吃敵人，原始思想以圖騰與姓圖騰的人相同，併吞圖騰亦等於吃其人，所以亦常併吞敵人的圖騰。春秋時當然不能仍信這類思想，但舉動中未嘗不保留着遺痕。譬如叔孫莊叔於鹹之役，殺長狄僑如等，以名其子叔孫僑如、豹、虺，（文公十一年及襄公三十年左傳）這些尙係以前併吞圖騰的遺痕，雖然春秋時已無這類信仰。

以類命爲象這條與以德命仍舊相同。試觀「非我族類，其心必異」之說，同類與同德乃相似的意思。並且晉語司空季子明明說「異德則異類」，這兩條命名實在相同。

取於物爲假的物仍舊是圖騰。物卽勿，說文解字勿部：

勿：州里所建旗。

勿乃旌旗之類。吾人若細想圖騰社會的旌旗皆繪有圖騰，旌旗皆所以表現圖騰者，反過來亦就能知道旌旗皆與圖騰有關係。旌的圖騰爲生，乃生團的徽幟；旗的圖騰爲其，乃其團（麒麟團？）的徽幟；勿的或體作𣃦，乃勿團的徽幟。最初各團各有其旌旗，各不相同，上各繪其圖騰，厥後各團混合，旌旗亦雜糅而分別化，甚而等差化，於是這團的旌旗專作爲某事之用，那團的專作爲另一事之用；或這團的爲天子所專有，那團的爲諸侯之用。勿卽物字的初形，勿象圖騰而非象旗也。

取於父爲類似係較晚的辦法。父的地位在母系社會並不重視，取名自然不必與父爲類。但由母系變到父系的中間，姓雖不從父而父已漸有地位，想必曾有一時姓仍母系而名改從父類（以父名母姓爲種號——後漢書西羌傳），這與父系社會某甥等名字相反而性質實相同，皆代表兩系的中間，亦卽代表圖騰社會的演變時代。

由以上各條觀之，命名皆與圖騰有關，愈足證明名卽個人圖騰。

命名不只與圖騰有關，並且有人以「名生」者。鄭穆公的故事，乃這條最確的解釋。左傳宣公三年：

初，鄭文公有賤妾曰燕姞，夢天使與己蘭，曰：余爲伯鯈，余而祖也。以是爲而子，以蘭有國香，人服媚之如是。旣而文公見之，與之蘭而御之。辭曰：妾不才，幸而有子，將不信，敢徵蘭乎？公曰：諾。生穆公，名之曰蘭。

穆公有疾，曰：蘭死，吾其死乎！吾所以生也。刈蘭而卒。

「與之蘭而御之」，穆公以生；「刈蘭而卒」，穆公以終。他自己亦說：吾所以生也。這不確是名生麽？穆公與蘭合而爲一，蘭卽他的個人圖騰。這故事中並且另有一件極使人驚奇的圖騰社會遺痕，卽與燕姞蘭的係他的祖伯鯈，伯鯈乃南燕祖，姞姓之祖，鄭穆之生，不由於他的父系姬姓之祖，而由於他的母系姞姓之祖，這仍是母系圖騰社會的舊規則。

三　圖騰的地域化——地方神

與圖騰團地域化的同時現象尚有圖騰的地域化。上篇已講過圖騰乃爲團結團中各員者，最初的性質只與團有關係，團最初既無地域性，圖騰最初亦自然無地域性。現自團定居於一地，與其地發生關係而地域化時，圖騰亦因之而地域化。於是圖騰的本體亦分爲兩種變象，亦如圖騰的名稱的兩種分化相似。茲列表如下：

- 圖騰
  - 名稱
    - 團名（家族姓）
    - 地名
  - 本體
    - 祖先
    - 地方神

從此一方面家族的姓仍用圖騰的名字，但地名亦因團的地域化而接受圖騰的名稱；另方面圖騰仍爲同團（同姓）各員所共奉，變作生祖，更分化爲各代祖先，（在原則上，各代祖先皆係圖騰的降生，亦即始祖的重復降生。）但同時亦地域化而變爲地方神。從此圖騰的職務分爲兩種：一種仍舊非地域性的祖先；一種是新起而有地域性的，地方神。

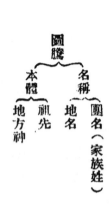

地方神亦不止一種，其中最重要的當推社稷。

社即土神，地方神的性質甚明，不必再繁說。

「家有中霤國有社」，每家中霤神等於每國有社。中霤乃四室之中，王靜安明堂燕寢通考所釋甚明，中霤神亦即希臘羅馬古代的家火 Focus，在拙著釋主篇亦已考證過。國社即邦社，漢人諱邦為國，始曰國社，邦社亦即希臘羅馬古代邦火。由家而至於國，各處皆有地方神。

論語先進篇：

子路使子羔為費宰，子曰：賊夫人之子！子路曰：有民人焉，有社稷焉，何必讀書，然後為學？

費有社稷，則古代各城皆當有社。不只各城，即一城內的各里亦莫不皆然。史記孔子世家索隱：

古者二十五家為里，里各立社。

這風俗直到漢朝仍舊保存，史記陳平傳：

里中社，平為宰，分肉甚均。

漢書郊祀志高祖二年：

因令縣爲公社，下詔曰：吾甚重祠而敬祭，今上帝之祭及山川諸神當祠者，各以其時禮祠之，如故。

所謂「如故」者，足證至漢以前各縣皆有公社，漢高祖不過復興之而非創舉。

但社神究竟又是什麽性質呢？漢書郊祀志：

及高祖禱豐枌榆社。師古曰：以此樹爲社神，因立名也。

觀此則社亦有以植物爲神的，這豈不是與圖騰同類性質麽？不只此也，土最初是土團的圖騰，土團後地域化而其地因名爲土，亦即後所謂土方。土方之名見於卜辭，近人且引商頌長發之「禹敷下土方」爲證，甚是。書序亦謂「帝釐下土方」，釋文謂「一讀至方絕句」是也，書序固然是較晚的作品，但其字句常沿引書內者，帝釐下土方當即汨作九共槀飫之中一篇的字句也。當與卜辭及商頌所指之地相同。土圖騰所代表者或即杜樹，其地則在今山西境內。最初各團圖騰地域化而成的神各有名稱，不盡相同；及後各團交往漸頻，文化亦漸混合，於是總稱這類似的神爲社。其實各地所祀的神不必盡相同，商人所祀亳社雖與周人所祀的周社同稱爲社，但亳社之神與周社之神恐即不相同。地方神冢社的總名，當由土方的勢力曾有一時在若干部團內甚佔優勝，所以他的神名獨爲顯赫，獨爲他部團所採用。

方一種宗教傳播至於新區域時，這新區域舊有的若干崇拜常與新宗教的合而爲一，宗教史的這個現象甚爲普遍，亦爲研究宗教史者所深知。譬如西歐賽魯特人(Celte)舊有的若干崇拜，在基督教傳入以後，遂變成基督教的色彩。當時各部團的地方神與土方的社的關係想亦若此。其中最顯見者卽稷之祀。

周人最初祀稷爲地方神，而不祀社，及社的祭祀傳至周後，稷與社遂合爲一，所以東西周皆社稷連稱並祀也。

左傳昭公二十九年：

共工氏有子曰句龍，爲后土。

句龍之爲后土是否亦與社稷的現象相似，現在尚不敢論斷，因爲禹與土方似有關係，而共工之孫四嶽又有佐禹平水之說，或者土卽共工團的圖騰亦未可知。

須歸入地方神類者尚有山川諸神。左傳昭公元年：

昔金天氏有裔子曰昧，爲玄冥師，生允格、臺駘。臺駘能業其官，宣汾洮，障大澤，以處大原。帝用嘉之，封諸汾川，沈、姒、蓐、黃實守其祀，今晉主汾而滅之矣。由是觀之，則臺駘，汾神也。

上篇中已經說過，臺駘卽台圖騰地域化的神，汾神之生亦是圖騰地域化的。

我們並且知道周末人有以天上的諸星分配於各國的習慣（分野），想在史前時代，各團部亦有配星辰於其圖騰的辦法。譬如左傳昭公元年說：

> 昔高辛氏有二子，伯曰閼伯，季曰實沈。居于曠林，不相能也，日尋干戈，以相征討。后帝不臧，遷閼伯于商丘，主辰，商人是因，故辰爲商星；遷實沈於大夏，主參，唐人是因，……故參爲晉星。

這不甚明顯的各團將其英雄分配於各星辰，因此星辰的神亦須歸入地方神類。

希臘羅馬古代亦有自然界諸神，如木星、金星、水星等神的崇拜，但最初亦有家族性，如甲族的木星與乙族的木星名或相同，而本體實異。家族性與地方性皆係團部性的演變。觀此則他們與中國古代亦頗相似。

附帶着再一說自然神類。固然不敢說凡自然神皆係圖騰化者，但其中有些頗有圖騰的痕迹可尋。鳳鳥係風姓的圖騰，但同時鳳字亦代表風的現象，至商代風鳳尙無異字。

這些在上篇中已經說過。鳳圖騰一方保留風姓的生祖資格，另方面他更變爲風的主持者：風神。卜辭有祀風之祭：

辛酉，卜，号鳳㞢九犬。（庫方九九二）

祭風用犬，其俗至漢晉時猶存。周禮大宗伯注：

鄭衆云：罷辜披磔牲以祭，若今時磔狗祭以止風。

爾雅釋天郭注：

今俗當大道中磔犬以止風，此其象。

漢晉人所祭者確係風，而非鳳，商人祭者當亦係風伯。鳳圖騰變爲風伯是甚合理的。風之作，古人不信爲自然現象，信他由於鳳之飛，鳳是風的主持者，自然他變爲風伯了。

圖騰自團定居以後既分化爲祖先及地方神，祖先這部分由於本身性質，就甚難發展。因爲「民不祀非族」的原則，決不能逼迫他人去事自己的祖先，並且「神不歆非類」，逼迫他人去事自己的祖先乃瀆神的舉動，不特不能受福反或受災。固然漢時有令郡國立祖廟的制度，但這只是到帝國時代方有的現象，團初定居以後決無這種威力。周初雖然有「般士膚敏，祼將於京」的制度，但這只是幾個般士來周廟的助祭，而未見周人迫殷人立周祖廟於宋去祭祀。因為直到周時，這種舉動皆認為違反祀祖的原則而無人敢妄為。圖騰分化出的那部分就大不相同了，地方神的發展彌補祖先的不足。地方神只限於其地而不限於神所自出的圖騰的族。甲團征服乙團而佔據乙團地域時，若乙地的地方神已經威震遐邇，則甲團亦不妨仍舊敬禮他。於是乙團圖騰演化出的地方神勢力竟擴充至甲團；或甲團征服乙地，甲團雖不能迫令乙團敬事甲團的祖先，但能迫令他們敬事甲團圖騰演化出的甲地方神，於是甲地方神遂擴充其勢力至乙地。甲團的地域愈擴充，甲地方神亦隨之而擴充，於是各地方神中間又發生等差化，何者只限於一村，何者只限於一邦，又何者擴充至邦以外。如周的周社，商的亳社，最初皆只限於一地，後漸擴充至周商所統治的各地。傅孟眞先生以為魯有亳社由於魯民原係殷遺，其說甚是，但我尙須為之補充一句，魯有亳社遠在周公成王踐奄封伯禽以前，蓋自商人佔據奄地時，卽將商人無上的亳社建於奄地，周人不過仍舊章而已。

不止社如此，凡地方神莫不皆然。最初團部分據各地各祀其境內山川，但後來日趨統一，山川諸神亦混合而等差化，五嶽四瀆之尊貴當亦起於此時。這種等差化現象是與首領政權等差化的現象相輔而行的。這方面，以前各地的地方神原係各不相統屬的，現亦變爲這個高那個低而發生等差化了；那方面，王、公、侯、伯、士等各國各不相統屬的首領亦等差化而有尊卑的不同了。兩種演變乃平行而互相影響的。

四 圖騰團的地域化

上篇已經講過，圖騰團最初是無地域性的。雖然民族學的批評派懷疑無地域性的團體與有地域性的不必分先後，或能同時並存，而不以進化學派的意見爲然，但我們仔細考慮初民的生活，就能明白無地域性的團，即此文內所說最初未經演變的圖騰團，不先存在於地域性團之說似是而非。人類最初食瓜果，然後食魚鱉，再進而獵鳥獸，由易而難，其次序似無問題。方他在一處竭林而食、竭澤而魚或竭山澤而獵以後，他就不能不遷徙以求他處有果實、有魚鱉、有鳥獸的地方以保持他的生活，定居是無法求生的。等他能擒獲野獸以馴畜牠們以供食品後，畜牲以草爲必須的食品，草地又是容易盡的，所以須常常遷徙。農業未發明以前，無法定居，初民環境實使之若是。初民生活無法先農業而後漁獵，亦就說社會無法先定居而後游徙。批評學派看見美洲澳洲各地土人現在有定居者，有游徙者，遂懷疑無地域性團與地域性團似不宜分先後，這豈非以春秋時的諸夏與游徙的諸戎等量齊觀，或以漢時中國與匈奴等量齊觀麽？蓋甲團定居雖能與乙團游徙同時，但觀某團內部，則游徙必先於定居，圖騰團最初之無地域性質，於斯已甚明顯。這是極容易明白的問題，我所以若是嘵嘵者，卽恐有人過信批評派學說，則地域化之說愈難明瞭。

圖騰團地域化的痕迹在中國古史中尙能看出，卽圖騰的名稱因團的定居而改作地名是。從此一個圖騰變成兩派，一派仍作姓用，一派作地名用。姓仍舊是非地域性的，地名則完全地域化了。上篇中已經說過祁地因示圖騰團的定居其地而得名，燕地因玄鳥圖騰團定居其地而得名等等，皆是例證。玆更引幾個於後。

譬如：邾，金文皆作鼄（如邾公華鐘，邾公牼鐘等），說文解字黽部：

鼄：鼅鼄也。

邾地之得名由於鼄圖騰團之定居其地。洙水之得名亦由於同樣理由。

氐　泜水出常山，商昭明居砥石。砥卽氐，砥石疑氐丘之誤，與后羿自鉏遷於窮石之窮石爲窮丘之誤相似。后羿乃有窮國君，其地因窮圖騰團之定居而得名，遂曰窮丘。砥石卽氐丘，及泜水皆由氐圖騰團的定居其地而得名。氐疑卽鴟的初字，說文解字隹

二一〇

部：

雖：雞也。

雖即現在所謂鷄鷹，乃鷙鳥之屬，初字作，當係雖的象形，下象爪，以取物也。由這氐丘、泜水，能悟出商初的些微歷史。商尙（常）章三字若非後人假借互用，則最初即係一字的變體。說文解字謂「商，章省聲」，其實古音兩字相同，徐邈音費誓「商爲章」足證，所以漢書律歷志：「商之爲言章也。」漳水在殷虛左邊，亦即商水。常亦等於商，廣雅釋詁一：「商，常也」。詩文王：「常服黼冔。」常服即商服，鄭君謂「其助祭自服殷之服」是也。冔亦見於郊特牲及士冠禮，亦即儒行及論語先進篇之章甫，冔即甫，章甫即商甫，商人之冠也。商服自然與商冠相稱。氐在契以前想必屯居在泜水附近，青陽降居泜水（據帝繫所記），而昭明亦居砥丘，則商與氐當時必有長時期的鬭爭，互相爭奪氐團所佔的土境。觀後來氐所處在漢之蜀郡及隴西郡（漢書地理志：隴西郡有氐道縣。師古曰：氐，夷種名也，氐之所居，故曰氐道。）氐必因商人的逼迫而漸西退。卜辭中亦有「伐羌」之文，漢時氐羌尙常並列，氐羌在商初皆曾與商團發生接觸，且時常有鬭爭，所以商頌殷武美湯曰：「昔有成湯，自彼氐羌，莫敢不來享，莫敢不來王，曰商是常。」這並非說商的威力遠達西方，實在彼時羌氏所處較東，與商人所以發生爭鬬。

扈　甘　左傳昭公元年：夏有觀扈。尚書甘誓亦謂「有扈氏威侮五行，怠棄三正。」固然甘誓的著作年代頗成問題，但扈則係古國。扈自以鳸鳥團的定居其地而得名。夏與扈作戰的甘地乃因甘圖騰團的定居而得名。甘之義固爲甘甜，但初民表現這類空洞觀念甚難，必須用實物方能有形能象。我以爲甘卽柑的初字，日形象柑，柑係甜果，遂引申爲甜義。

觀　卜辭觀字初只作雈，後始加兩目形成雚（據董彥堂先生說），觀國之初字當亦作雈，卽因雈雀團的定居而得名。卜辭尙有「往雈」之辭，雈地之得名亦因雈團的定居。魯有讙地，亦當由于雚團。後以同名之地過多，改寫同音字以示區別，這亦周人常用的方法。

亳　湯居亳之亳乃因乇團之定居其處而得名。說文解字乇部：

乇：艸葉也，从𠂹穗，上貫一，下有根，象形。

乇的初義當係艸，上象葉，下象根。艸之意爲生生，自亦合于圖騰。至于亳之高則所以表示地名，亦若稾地由于禾團之定居。圖騰形外加高，亦猶楚丘、夏虛之在圖騰形下加丘虛字以示地名。

不只地名由於圖騰團的定居，山名水名亦皆如此。攷證家每謂地由水得名，但水名又自何來？這不過將解釋的困難退後，而非得到確切的解釋。其實地、水、山的得名皆由於圖騰團之定居其地。玆略舉塗山、漾水，以見他們與圖騰的關係。

塗山古皆作涂山，其圖騰爲余，余卽蟾蜍的初字，塗山及郃（徐）地皆因余圖騰團之定居而得名。塗山的遷徙演變，下文再詳細討論。

漾水　漾卽羕，水傍乃後加者，說文解字永部：

羕：水長也。

其實永訓長已經是較後的意義，最初永卽水，這團名水爲水，另團則名水爲永，觀永字之象水形足見。後因水流必長，遂引申爲凡長之義。羕卽羊水，因羊團定居而得名，後更加水傍，兩次表示水，已覺重覆，後人更造瀁字，更距初義遠得多了。漢書地理志：「瀁水出氐道縣」。氐道在今甘肅，則羊團（姜，羌）最初曾定居於其流域。羕字直从羊，而岐水又東之姜水已作姜，字似較晚，羊團似先定居較西而後逐漸東下者，觀其遷徙之迹，至少這團頗有來自更西的可能。

最古社會完全是團部性的，各團各有其圖騰及因圖騰而發生的各種現象。及定居以後，這團部性遂變爲地域性。這團部性及地域性須爲研究古代史者時時不可忘記的事實，否則誤用統一眼光看，許多現象皆無由說明了。

即以較長的河流而論，因沿岸定居的團部或不相同，他的名稱亦時常隨段而異。統一的名稱乃較晚的現象。雖然現存的河流名稱常沿流相同，但這並不害較早或曾有過不同的名稱。

後爲分別姓及地名起見，常加女字於圖騰旁以表示作姓用，加邑字於圖騰旁以表示地名。但此並非通例，只是習慣之一，某人造字之說自係後起，更無所謂通例也。地名亦常用其他方法，玆分列於後。

較多者將圖騰下加丘字，如封丘乃以封爲圖騰者的居處。左傳定公四年：

分魯公以大路大旂，夏后氏之璜，封父之繁弱。

封父即封圖騰團的首領。又若衞遷都之楚丘乃以楚爲圖騰者的居處。說文解字林部：

楚，叢木，一名荆也。

楚團以荆楚爲圖騰。

亦有以虛名者，虛乃丘的演變字，虛之爲丘亦若處之爲処。（說文解字几部：処，止也。處下云：処或从虍聲。）夏虛、殷虛亦卽夏丘、殷丘。

亦有以陵名者，若孟子滕文公篇陳仲子所居之於陵。說文解字烏部：

於：象古文烏省。

於陵由於烏圖騰團之定居而得名。

亦有以梁名者，若狊梁。狊卽狊。說文解字訓「犬視貌」，非，廣韻狊字下引說文有「獸名，蝯屬，脣厚而碧色。」這字實象蝯形。狊梁因狊圖騰團定居而得名。梁仍然是高阜，爾雅釋山列狊梁於陵內足證。

丘，陵，梁，皆係高阜，足與發吾人想到古代中國與希臘建邦的相似。希臘諸邦城皆分爲兩部，一部建在高阜上（Acropolis），一部建在阜下。阜上爲較早的建築，神廟多在其間。觀我國之以丘陵名地，最早各團定居時想亦在高阜上，在古代河流不規則、水患常作的時代，這自然亦是較謹愼的辦法。

由游牧而變爲農業，由游徙的圖騰團而變爲定居的地域團，在人類史上實在係無上的變化。同時團發生父系化，將圖騰團組織最初面目變更，遂更促進政權的集中。但中國在這無上變化中有其特殊狀態，並且這種特殊狀態與希臘羅馬古代所發生的相似，我想說家族組織的延長。圖騰團定居以後，論理應當團性質漸消而地域性質漸長，前者愈衰，後者愈盛。中國的現象雖未違此例，但定居甚久後，團性質仍未十分衰退。在上篇我已說過圖騰團乃後代家族的前身，而春秋時的家族乃圖騰團的聯續者。試翻閱左傳，卽能看出彼時家族組織仍何等有力。拙著大宗與小宗篇內曾詳說彼時家族的勢力，如宗主有殺宗人的權；有放逐宗人的權；國家欲放逐某人時，須先咨詢他的宗主；宗主在戰時率領宗人；對宗必須尊敬；不准反對同宗的人。不只若此，直到晚近，各人的籍貫仍以其祖先的居住地爲標準，而不以其人所生所居之地爲標準。直到清末，一個人若不回到其祖居的省分甚而縣分去科考，而在其人所居之地去應試，就不准許並被人攻擊爲「冒籍」；直到現在，一個人的祖居在山西，他雖然住在湖北已經幾代，他的籍貫常習慣仍寫山西，他仍附屬於家族組織而不與現居之地發生關係。他與地域的關係仍由非地域組織的家族作中間。現在歐洲則不然，籍貫皆以生地爲標準，並且選舉時，投票人卽在現居之地投票，候選人可以自行指定區域，更不顧及是否其出生之地。足證歐人已脫離家族組織時代而完全在地域組織時代；並且地域組織已漸衰微而漸入於職業組織時代，近來以職業爲選舉單位的提議卽將廢除國內地域組織的現象。近來中國選舉雖已不完全照舊時的籍貫，但這是受歐美的影響，非自身的演變。

雖然直至現在，非地域組織的團仍對社會不無餘威，但周時各邦內部已兩種組織並行着。雖然家族勢力的不可侮如上文所說，但地域組織至少彼時已經萌芽。（這專指各國內部，若國與國間自圖騰團定居後，已變成地域關係而非團關係。）論語雍也篇：

原思爲之宰，與之粟，九百，辭，子曰：毋以與爾鄰里鄉黨乎！

子路篇：

鄉黨稱弟焉。

左傳宣公十一年，楚滅陳：

鄉取一人焉，以歸，謂之夏州。

齊語：

管子於是制國以爲二十一鄉，……五家爲軌，……十軌爲里，……四里爲連，……十連爲鄉。

足證魯、陳、齊皆已有地域組織，名稱的不同乃國的不同，並不因此而害其爲地域組織。孔子曾說：

里仁爲美，擇不處仁，焉得知！（論語里仁篇）

里既可擇居，就非因屬某家族卽須定居某里，足證鄉里鄉黨的組織與家族無干而屬地域的。

家族組織（團組織）與地域組織係兩種相反的力量，互爲消長的。雖然民族學的批評派如羅威(Robert H. Lowie)等不承認這說，但人類史的現象仍袒護他。羅威以近代教會與政府的安然相處爲比喻，我以爲他引錯例證。近代教會固然能與政府安然相處，但這只係教會勢力已經衰弱的現象，歐洲中古時代教會勢力方雄，法王和日耳曼皇與教皇爭權何等衝突？卽以近代而論，若不與政府（地域組織）有礙，法國何必政教分離？希特勒又何必迫束教會？希臘羅馬古代皆有家族組織，遂釀成世家（家族）與國王（地域）的爭權，於是雅典的克里商尼(Cleisthenes)遂將邦分爲若干區，居人各隨其居地歸入某區，區的面目仍仿家族的，區各有區神亦如家族之各有祖先，區的演特 Gente

名稱亦模仿家族的演司 Gens 名稱。這種表面的仿效亦足證家族組織彼時仍佔勢力。克里商尼欲以地域組織打倒家族組織以鏟除世族的威力。希臘其餘各邦以及羅馬，凡與克里商尼同志的首領，皆用同類的方法，各邦皆漸有地域組織出現。但家族組織仍舊根深蒂固，頗難立即取消，兩種勢力互鬭互爭，直到基督教傳入南歐後，家族勢力遂鏟除無餘。中國未經和基督教相似的革命，所以家族勢力雖衰微而未盡澌滅。

我頗疑心各國內部地域組織的開始在春秋以前。周公滅殷踐奄以後新封各國統治者皆係周人，但被統治者仍係舊民，如魯衞之殷民，晉之懷姓，以及其餘各國想亦莫不如是。舊民的團組織若仍舊維持，其團結力不減，則統治者與被統治者對峙的狀態始終不能少止。地域組織是打破團組織的最適當方法，聰明的周人豈有見不及此。他們必一面維持士大夫階級的家族組織以加強周人的力量，另一方面施行民的地域組織以減弱殷人的團結。記載中春秋民間不見家族組織，或即這種政策的結果。史頌敦：友里君百姓。酒誥：越百姓里居。里居即里君，兩者皆以里君與百姓對文。百姓者按照族姓之分類組織，族各有長；里君者按照鄉里之分類組織，里各有君，即所謂里君。由是觀之，地域組織至少始於周初，得此亦足證明矣。

因爲先游牧而後農業，遂先有團而後有地域組織，亦遂發生兩種組織的爭鬭。這問題當然有値得細研究的價値。因爲研究中國古代社會者尙未充分注意他，所以略引其端，以示研究的途徑。

在上篇中已略講圖騰地域化後常更有地名圖騰化的現象。後者因地名而變作新來居其地的人民的氏，這般人民的姓與地名不相符，素居其地的人民的圖騰與地名相符。新來居者的新氏，在廣義上看，仍能算作圖騰，所以說這乃地名再圖騰化。

這雙層現象乃古史中常見的。研究圖騰的對此常感困難，這雙層現象時常不見於記載，使人看不清楚而生誤解。周初所封各國，皆沿用舊地舊民而變更其統治者，於是地名圖騰化的現象愈多。茲爲明瞭起見，列姬姓之虞與虞姓之陳的錯綜表如下，舉此當能看淸圖騰與地域問題的複雜。

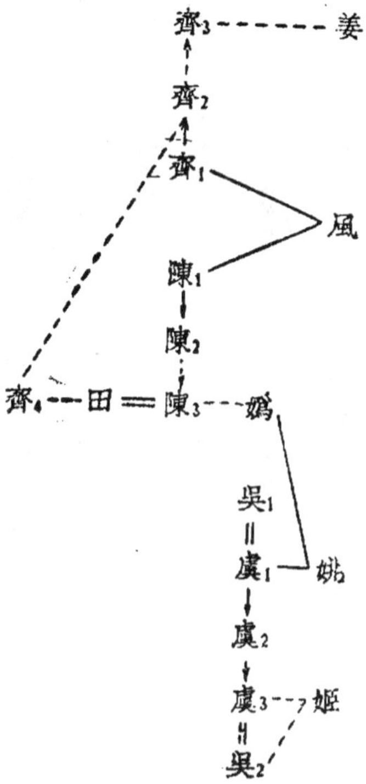

凡橫直線表示左邊的圖騰出自右邊者，卽左邊這個是右邊那個的支圖騰，如虞嬀是姚姓的支圖騰，陳齊是風姓的支圖騰。豎線表示圖騰的地域化，如支圖騰的虞^{1}變為地名的虞^{2}，支圖騰的陳^{1}變為地名的陳^{2}，支圖騰的齊^{1}變為地名的齊^{2}。豎點線表示地名再圖騰化，如地名虞^{2}變為氏的虞^{3}，地名的陳^{2}變為氏的陳^{3}，地名的齊^{2}變為氏的齊^{3}。橫點線表示地名再圖騰化後的氏，如虞原非姬的支圖騰，但因地名圖騰化而變為姬姓的虞氏，齊原非姜的支圖騰，但因同種現象而變為姜姓的齊氏。這種複雜現象甚多，其餘各姓亦有，但史料殘逸，頗難如此明顯的畫成系統表。

五　圖騰神話及樂舞

楚語說九黎亂德，民神雜糅，其實原始社會素來人神不分。圖騰卽神的前身，而圖騰與人同性。因此最初的歷史亦難與神話分別，歷史化的神話與神話化的歷史絞成一團，甚難看出何者是原底，何者是後繪上的花紋。但若用原始眼光去看，亦常能明白這些「言不雅馴」在事實上究何所指。譬如相傳彭祖壽七百歲，這自然是不合理；但我們須知道彭祖並非一個人，乃祝融團的彭團的圖騰，（楚世家：三曰彭祖）圖騰而有七百歲，並非特殊，照原則說，圖騰皆永生的。又如羿射日的故事，淮南子本經訓：

> 堯之時十日並出，……堯乃使羿……上射十日……註：十日並出，羿射去九。

這表示當時有十個團以日爲圖騰者，羿曾滅其九。

上篇所講各團的圖騰生團員及始祖的出現莫非圖騰神話。最初各團各自有他的神話，亦各自有他的歷史，神話及歷史皆係部團性的。這種部團性的觀念極爲重要，研究古史的人萬不可忘記。以前學者對古史觀念的誤解即疑亙古以來即係一統之局，所以常將由來不同的歷史幷爲一談，自然不可通。疑古派乃這種的反動，凡傳說互相牴觸者又常疑爲僞。不知傳說非同源，自然不宜只因此而生疑。部團性因團的定居而變爲地域性，神話亦變爲地方的傳說。

這種部團神話或地方傳說亦能傳播或遷徙至於遠方。因圖騰團的遷徙，地名亦常遷動，已如上節所說。但這種遷動不只關於地名，且關於一切有關圖騰者。這現象亦甚容易明白。原始人對圖騰的信仰烈而且深，所以關於他的神物、紀念，神話亦皆須相連以俱遷。茲略舉幾個例證如下。

尚書益稷：

娶于塗山，辛壬癸甲，啓呱呱而泣。

夏本紀：

帝禹東巡狩，至于會稽而崩。

左傳哀公七年：

禹合諸侯于塗山，執玉帛者萬國。

凡此皆足證夏與塗山的關係。塗古皆作涂，亦卽余，乃因以蟾蜍爲圖騰的團定居其處而得名，其地則有數說：

在當塗：皐甫謐以爲在當塗。（史記夏本紀索隱）高誘：「塗山在九迴，近當塗也。」（呂氏春秋音初篇）應劭：當塗「禹所取塗山侯國也，有禹墟。」（漢書地理志）許愼：嵞，一曰九江當塗也。（說文解字山部）杜預：塗山在壽春東北。（左傳哀公七年。漢當塗在今懷遠縣，非今江南之當塗縣也。壽春東北卽當塗西南，杜說與以上各說仍指同處。）

在會稽：許愼：嵞，會稽山也。（說文解字山部）

禹所居，在唐墟，不應遠娶于當塗壽春。則塗山當于黃河流域求之。按逸周書雒邑解：武王問周公曰：「吾將因有夏之居，南望過于三塗，北瞻望于有河。」（據漢書臣瓚音義引，今本逸周書略異）三塗當卽塗山也。水經注：

伊水歷崖口，山峽也，翼崖深高，壁立若闕。崖上有塢，伊水逕其下，歷峽北流，卽古三塗山也。杜預釋地曰：山在（陸渾）縣南。

左傳昭十七年，晉將伐陸渾：

晉侯使屠蒯如周，請有事於雒，與三塗。

昭四年：

晉司馬侯曰：四嶽，三塗，陽城，太室，荊山，中南，九州之險也。

三塗在陸渾南，並且水經：

（禪渚）水上承陸渾縣東禪渚。渚在原上，陂方十里，佳饒魚葦，卽山海經所謂南望禪渚，禹父之所化

陸渾左近，尙有鮌的神話，足證夏與這區關係的密切。漢書武帝紀：

（元封元年）詔曰：朕用事華山，至於中嶽，獲駮麃，見夏后啓母石。師古曰：啓夏禹子也，其母塗山氏女也。禹治洪水，通轘轅山，化爲熊。謂塗山氏曰：欲餉，聞鼓聲乃來。禹跳石，誤中鼓。塗山氏往，見禹方作熊，慚而去。至嵩高山下，化爲石，方生啓。禹曰：歸

我子。石破北方而啓生。

塗山氏故事皆未出這區左近，則塗山之卽三塗而非當塗甚明白了。但塗山既係三塗，何以又有會稽等說？若明圖騰遷徙之說，則其理亦甚易明。

我們不可忘記在唐夏虞部落內，帝位傳子始於禹啓之交，這乃政權漸集中而社會已漸變爲父系的現象。其時距母系社會時代不遠，當然母系尙佔不少的勢力。塗山氏的圖騰既地域化而成塗山的神，余既係夏啓的母的圖騰，夏接承了塗山神的崇拜而極端尊重塗山，自然毫無足奇異。若啓已不照舊章以余爲圖騰而改以姒爲圖騰，但余至少尙係啓的次等圖騰，亦無疑義。並且禹以壻的資格會諸侯於塗山。塗山的威靈並未隨夏以俱衰，所以晉伐陸渾尙假名有事於三塗，蓋有事於塗山係常見的事，所以陸渾毫不相疑。

塗山與夏這般關係密切，夏人遷徙時自然忘不了他。湯放桀於南巢，夏人當時亦必隨着南遷，（事實上桀帥其衆奔南巢，湯無力殺之，美其名曰放而已。桀非獨自南奔，想有多量夏人隨之。）於是到當塗壽春的一支在那裏立了塗山。至于會稽，說文解字亦謂爲嵞山。越人原自稱少康之庶子，史記越世家謂「封於會稽」，自然係後人的見解。越世家又謂「後二十餘世，至於允常。允常之時，與吳王闔廬戰而相怨伐。」允常與闔廬同時。闔廬乃壽夢之孫。據吳世家，「從太伯至壽夢十九世」。若吳越兩世家所記世數皆確者，則夏人初抵越時必在商末周初。這並不害其祖爲少康之庶子，史記的話只等于說初抵越者乃少康庶子的後人，並不確指爲少康庶子這個人。夏人遷越或亦因他姓的逼迫而由南巢更東南遷者。會稽是當地一座高山，觀句踐被吳敗後，保棲於會稽，想必亦如塗山之爲九州之險。於是塗山之名隨夏人以俱遷來越，塗山的神話亦隨塗山以俱來，禹會諸侯於塗山遂變成禹會諸侯於越的塗山，禹崩之處亦變爲越的塗山。後越的塗山又名會稽，亦或者夏人未至越前這山舊名會稽，於是塗山的神話又隨山名由嵞山變爲會稽山的故事。余的圖騰神話共經兩次遷徙，第一次由陸渾的三塗遷至越的嵞山，第二次由嵞山的變爲會稽山的。當塗等處或亦有這同類的神話，但因越後來的武力發展，加以文化努力，當塗等處的熄滅，而越的獨存。不只獨存，且因夏爲商所滅，北系神話較衰，而南系獨盛，於是後人愈信禹會會諸侯于會稽，而忘記陸渾南的舊塗山了。

同塗山相似的圖騰故事的遷徙就是霍山。霍地在現今的山西，霍太山亦在山西，皆因霍圖騰團的定居其處而得名。

霍太山在古代亦非常受崇拜，並且稱爲大嶽，周禮職方氏疏引禹貢鄭注：

太岳在河東故彘縣東，名霍太山。

水經：（彘）水出東北太岳山，禹貢所謂岳陽也，卽霍太山矣。

虞夏人之崇敬霍山頗似東方各團之崇敬岱宗。霍圖騰神如是之有威力，乃因霍團曾有過極興盛的時代，圖騰神乃隨其圖騰團而同時擴充地位，抑因霍圖騰地域化後，威靈特加顯赫而爲他團所信奉，現在尙頗難斷定。但霍團似與姒團不無關係。左傳襄十年晉滅偪陽：「偪陽，妘姓也，使周內史選其族嗣，納諸霍人，禮也。」妘族人爲什麽納在霍人中，其間似有深思的需要。晉獻公滅的霍是姬姓的霍，卽文之昭的霍叔處的封邑。觀周滅虢而封虢叔，滅唐而封唐叔，則亦必滅霍而封霍叔，霍國在周前已經存在。更觀康叔封殷虛而所統治的卽係殷民，唐叔封夏虛而所統治的卽係懷姓，以舊地建新國，留其舊民，換姬姓或其親戚爲統治人，乃周人的殖民方法，其實與近代歐西方法相同，歐人自詡爲新法者，周人早已施用。知此則霍叔之民亦必仍是舊霍人。祝融八姓與夏人的密切上篇已經講過。妘乃八姓之一，則霍人若非亦屬祝融八姓，則爲夏同姓，納妘族於霍人的意義或卽在此。而霍圖騰地域化的霍山神的能擴充勢力亦與夏人的擴充政權不無關係了。

鹿的霍山既如是有威力，於是夏人南遷時，就將霍山神亦遷至安徽的霍山，南嶽霍山之說卽因這地域化的霍圖騰的遷徙。

我疑心牧亦係與商有關的地域化圖騰而曾經遷徙者。孟子萬章篇引伊訓：

天誅造攻自牧宮，朕載自亳。

因為上句有天誅，解者就說牧宮為桀的宮，上句指桀下句指湯，甚覺牽強。我以為兩自字同意，牧是地名，牧宮是湯所奉的神。這句的意思與湯誓的「有夏多罪，天命殛之」相同，乃說湯告恭行天誅始自牧宮也。牧宮必在亳左近。漢書律歷志引伊訓：

伊尹祀于先王，誕資有牧方明。

孫星衍說誕資有牧卽堯典之咨十有二牧，但這與方明連不成文。我以為有牧卽上文之牧宮。儀禮覲禮亦言及方明：

諸侯覲于天子，為宮方三百步，四門，壇十有二尋，深四尺，加方明於其上。方明者，木也，方四尺。設六色：東方青，南方赤，西方白，北方黑，上玄，下黃，設六玉：上圭，下璧，南方璋，西方琥，北方璜，東方圭。

鄭注：方明者，上下四方神明之象也。上下四方之神者，所謂明神也。（明神，各本多作神明，玆據明監本。依賈公彥疏則監本是。）

鄭又引周官司盟：北面詔明神。並釋之曰：言北面詔明神，則明神有象也。象者，其方明乎。

方明係用木做的，這是對方明現存的最古的說明。鄭謂「設玉者，刻其木而著之」。然則方明是一塊方木，分塗六色，分鑲六種不同的玉。這雖是現存最古的說明，縱令不假，亦不必定是方明的最原始形式。我以爲方卽邦，卜辭每稱某邦爲某方，周初尙有時沿用，如多士之「有方」卽牧誓之「友邦」。方明卽希臘羅馬的邦火，所以代表其邦神，亦卽我國古代所謂邦社。古代亦有明火，方明卽邦明火，邦火，關於邦火，詳見拙著釋主篇，玆不贅。鄭氏以爲方明是神明之象，甚是，但最初尙不是上下四方神明之象，而只是某方（邦）的神明之象。方之初意只是某一方，卽某一邦，後始總稱天下各邦爲多方，爲四方，亦猶國之意只是某一國，而後始總稱天下各國爲四國。詩中方與國同義，如常武屢言徐方，而又曰：「濯征徐國」。四國亦卽四方，崧高箋「四國猶言四方也。」不過後人改用邦爲方，方之最初單義失其使用，而國之單義則仍舊保存至今。方明最初只是一方（一邦）的邦火，後邦的勢力愈廣，他的邦火亦因之而擴充勢力，隨變爲多方共奉的明神象徵了。鄭君之說當指此階段，而非其始義。至於方明以木爲之之說，亦與拙說不相衝突。主之初型係祀火，後來亦以木爲之，則方明之初型爲邦火，後亦以木爲之，正復相同，方明之初爲邦火，與此不只不相衝突，反係照演變的同類規路。有牧方明卽有牧的邦火。誕資有牧方明卽乃告有牧的邦火，（咨等於咨告，詢問意見。）或更可說卽乃告牧社。這想卽與亳社相似的地域化圖騰。觀祀先王同時咨牧社，其重視足見。或因湯告牧宮而戰勝桀後，牧社的勢力越發增加。後商遷至河北，牧社亦同時遷往，所以牧誓說「王朝至於商郊牧野」。因爲其處有牧社，所以名爲牧野，其地則在商郊，與都相近。周語內史過說：

昔夏之興也，融降於崇山，其亡也，回祿信於聆隧；商之興也，檮杌次於丕山，其亡也，夷羊在牧；周之興也，鸑鷟鳴於岐山，其衰也，杜伯射王於鄗。

鯀亦稱崇伯，崇山亦必與夏有深切的宗教關係；岐山及鄗皆周發祥的重地；以此類之，牧與商人的重要宗教關係足見。牧社在商人宗教上既有極重大意義，故商人迎戰於彼，

故周人亦覺得在這地戰勝的意義，所以說：「致天之屆，于牧之野」了。（詩魯頌閟宮）

樂舞亦係圖騰社會的重事，敬禮圖騰亦必須用他。最初各團必有各團的樂舞，專適於其圖騰之用，後來有些隨其團的衰退而失逸，有些隨其團的勢力而廣行傳播。後面講政權集中時卽將提到兼併政權的同時現象卽對他團圖騰的讓步，採用他團的種種禮樂。周之用四代樂者，暗因或卽由於這種習慣。實在說起，樂舞與圖騰神話有關，他所表現的乃其圖騰或其圖騰團的神話或歷史。樂記：

> 夫樂者，象成者也。摠干而山立，武王之事也；發揚蹈厲，太公之志也；武亂皆坐，周召之治也。且夫武始而北出，再成而滅商，三成而南，四成而南國是疆，五成而分周公左，召公右，六成復綴以崇。天子夾振之，而駟伐，盛威於中國也；分夾而進，事蚤濟也；久立於綴，以待諸侯之至也。

這對樂舞的表現說得異常清楚。武所表現的係武王滅商的歷史，然則其他代樂如韶，如濩，亦莫不表現其團或其國的歷史，愈古則歷史愈近於神話，樂舞所表現的亦愈多神話。古樂舞存者不多，有只知其名而無從知其內容者，由各方面觀測，只桑林尚能略知，玆舉為例。

左傳襄十年：

宋公享晉侯於楚丘，請以桑林。荀罃辭；荀偃士匄曰：諸侯宋魯，於是觀禮。魯有諦樂，賓祭用之。宋以桑林享君，不亦可乎！舞師題以旌夏，晉侯懼而退入于房，去旌，卒享而還。及著雍，疾，卜，桑林見。荀偃士匄欲奔請禱焉，荀罃不可，曰：我辭禮矣，彼則以之，猶有鬼神，於彼加之。晉侯有間。

觀桑林與魯之諦樂並稱，其宗教上的地位可知。並且他的旌夏那般有威，直使晉侯至於退入房，且繼而疾，亦足見這舞的宗教意義。旌係繪圖騰的旗，旌夏上必繪有商的圖騰或桑林的圖騰。並且桑林同時是地名，想即由桑圖騰團定居其處而得名。左傳昭二十一年：

華氏居盧門，以南里叛。六月庚午，宋城舊鄘及桑林之門而守之。

謂城舊鄘及桑林之門，則桑林之門乃舊城的門名。後因擴展城而廢，但新城的盧門為華氏所據，所以更城舊門而守。盧門據杜預謂為東城南門，則桑林之門係舊城東門或南門。桑林必在其左近，桑林或尚有社，所以荀偃士匄請往禱。（呂覽：立成湯之後於宋，以奉桑林。桑林能奉，亦必有廟也。）我們若想及湯禱雨桑林的故事，或能略明桑林的宗教意義。（關於湯禱雨事俟政權集中節內細研究）桑林是圖騰地域化的社，商人甚信敬他，湯曾往其處禱雨，據說雨就立刻下降。他這般有威靈，商人想必常禱告他。表現他的神話的樂舞就亦名為桑林，這亦甚合圖騰社會慣用的方法，風原是風姓的樂，雅亦是夏人之樂。其地在宋都（商邱）桑林之門的左近。但這不必須是湯所禱的桑林，湯所禱處或在亳（湯都）左近，亦如亳之牧宮與商郊之牧野。並且太甲曾居桐宮，而宋亦有桐門（桐門右師居桐門左近），則亳、宋兩地紀念圖騰的地名多相同，亦當時的慣例。

尚有須提到的一事，即題以旌夏的舞師，這即樂舞的總指揮。最早各團裏，團員既皆平等，政權亦尚未集中，亦自然無職位的分別，尚未有舞師的專職。神不歆非類，只有團中各員能敬其圖騰，敬圖騰的樂舞亦只由團員演奏，非團員不只不准演奏，並且他們亦不懂得演奏，他們所知道的係他們那些團的圖騰樂舞，他們亦不肯演奏他團的。樂舞係為的悅神以降神求福，既不歆非類，演奏非自己圖騰的樂舞不發生效力。政權既漸集中，首領出現，於是舞師職就由他擔任。樂舞的總指揮亦即首領。後來政權漸繁而發生政權等差化，遂有君及百官的分別，從此樂舞由舞師擔任而不由首領了。

總起來說樂舞的起源由於表演團的圖騰神話，近代初民社會常有這類表演，若澳洲阿倫達人(Arunta)就於祭賽時表演其圖騰故事，中國古代當亦相似。有些團名表演者曰巫，有些團名曰靈，或曰尸，部團不同，名亦隨之而異。王靜安宋元戲曲史：

楚辭之靈，殆以巫而兼尸之用者也。其詞謂巫曰靈，謂神亦曰靈，蓋羣巫之中必有象神之衣服形貌動作者，而視為神之馮依，故謂之曰靈，或謂之曰靈保。

王說極是。但我以為尸亦是表演者，巫亦是象神者。尸須穿着他所代表的那個人的衣服，須代飲食，最初想亦舞蹈。後漸脫離初型，至周代只受祭，而巫則專司表演。凡尸、靈、巫，以及其同類，皆於祭賽為圖騰所附體（至少彼時人信為如此），所以能表演圖騰故事。王靜安又謂「靈之為職，……蓋後世戲曲之萌芽，已有存焉者矣。」（宋元戲曲史）蓋圖騰祭賽內實包括後世的三件事，即禮、樂舞、戲劇。民族學家記錄初民這類祭賽時，常說他們表演，這話並不錯誤。澳洲人冠禮時亦常夾雜著表演，足見最初這些素不可分。並且希臘戲劇的起源，亦由於模倣神話人物的動作，我國最初戲劇之多歷史劇，大約亦由於這圖騰樂舞的老習慣。

樂舞不只動作及奏樂，且有時口中唱出歌辭；這卽詩的起源。今澳洲土人尙時常利用詩歌，我國西南有些土人亦然。（劉書蕃著嶺表紀蠻）澳洲人凡遣團的典禮而請異團人參加之時，則派人持杖（古代之節想亦類此）往鄰團送信，至彼時由使人先唱歌，然後由彼團派一人亦以歌答之。（斯賓塞著澳洲北部土人部落 Spencer, Native Tribes of the Northern Territory of Australia, 133-134 頁）東周人之宴會賦詩想卽這類的遺痕。

六　政權的逐漸集中

旣將圖騰的性質及其演變，圖騰團的組織及其進化說明後，講政權逐漸集中的時機已到，團旣係平等的如上篇所說，政權就分佈在全團團員身上，而尙無所謂首領，權利旣由衆人共享，義務亦由衆人齊負。自然彼時所謂政權亦微細到極點，不過極簡單的宗教權而已。用政權字樣純粹爲的行文方便，當然不能以後世的政權觀念去想，等於最初所謂首領亦細微到極點，民族學家皆常聲明：勿以辭害意。政權集中係逐漸的，同時政權的擴充亦係逐漸的。社會的演進旣由簡而繁，這種逐漸狀態自然無足奇異。近代澳洲土人就多半尙無所謂眞正首領。有些團有種人名爲阿拉敦牙（Alatunja），略具首領的雛型。他的職務在於看守儲藏神物的神倉，並召集老人會議。老人會議由團中有經驗的老人所組織，阿拉敦牙亦係其中之一，但開會時他的地位不比其餘老人高，他人亦不必須聽從他的意見。只他有材幹時，他的意見遂能常被人尊重。足證這只由於他的能力而非由於他的地位。這種現象亦非常容易明白，團員既皆平等，則無所謂資格，團員既皆爲圖騰的子孫，更無所謂出身，於是能顯才能而爲團盡力有功的人自然爲他人所重視。

老人會議在原始社會中常有，希臘羅馬諸古邦亦皆有參議院卽進化的老人會議。這些邦並且常開全民會議。初民的團，團員皆不過多，所以開全體會議並非困難的事。但彼時思想旣極簡單，事變亦不繁雜，創新乃不常見且亦不容易見的舉動，多半事務率由舊章，於是年齡較高的人經驗必較豐富，遂易受其餘人的尊信。所以原始社會的初步政權集中就集在老人們身上。但團中有些事如祭祀圖騰的主持，樂舞的領導，尤其團與團發生的問題，如戰爭的指揮，事實皆由能力過人者漸漸承辦，因爲他的能力過人，所做所爲皆較餘人所作爲的對團有利，所以餘人亦歡迎他辦理，政權遂集中於這人身上而不集中於另一人身上。極微細政權的極微細首領遂如此出現。不過他的地位並不十分堅定，凡事仍須遵守老人會議的決定，會議能選舉他亦能罷免他，並且不是世襲的，他的後人若仍有能力，會議就仍可選他接任，但這只因爲能力，而非因資格。以上所說皆足證他的政權的微小。

我屢說能力，但何種能力呢？能力同時須是宗教的、巫術的、兼實質的。國之大事在祀與戎，這句話愈古愈合形勢。出師必先「受命於廟，受脤於社」，出師必載神，打仗亦卽兩團的圖騰的互鬪，聯盟就是兩團的圖騰的相友，凡此諸端，其遺痕仍存在於希臘羅馬諸邦及春秋諸國的典禮中。（其詳請閱拙譯古朗士著希臘羅馬古代社會研究及序）祀固然是宗教，戎亦是宗教，所以合於任首領的能力最重是宗教的兼巫術的。生（圖騰及團員）的最上利益在於生（生長，繁生），而團員的生長繁生須有多量的食物，能爲團採獲多量食物的就能爲團員所擁戴，充任首領，所以能力亦須物質的。「禹稷躬稼而有天下」，就因他們能以農業爲團員求獲多量養生的事物，所以他們能成首領。

他們不只躬稼，不只教民稼穡，並且有種法術，能使產物特繁超過旁人。詩生民：

實覃實訏，厥聲載路，誕實匍匐，克岐克嶷，以就口食，蓺之荏菽，荏菽旆旆，禾役穟穟，

麻麥幪幪，瓜瓞唪唪。

誕后稷之穡，有相之道，茀厥豐艸，種之黃茂，實方實苞，實種實褎，實發實秀，實堅實

好，實穎實栗，卽有邰家室。

誕降嘉種，維秬維秠，維穈維芑。恆之秬秠，是穫是畝，恆之穈芑，是任是負，以歸肇祀。

箋，就口食之時，則有種植之志，言天性也。

后稷所種，特別繁茂，就因爲他天生的有相之道。傅孟眞先生以爲相是專名，卽商相土，其說甚是。最初道實在就是法術，俞樾說周禮太宰「儒以道得名」，謂「儒者，其人有伎術者也。說文人部，儒，柔也，術士之稱。是古謂術士爲儒。……以道得民者，道亦術也」。有相之道卽有相的法術。

歷朝至今皆常患水災，則古代不應例外。彼時河流漲落不定，治水方法亦必無後世的精進，水患必有甚於後世者。懷山襄陵乃常見的事，不必專俟堯時。初民定居的地方常在圖騰名下加上丘、虛、陵、阿、梁、等字，皆表示其處係高阜。這種習慣與希臘古邦的相似，各邦的城多分兩部，一在高阜(Acropolis)，爲最先居住之所，政府及廟皆在其處；一在阜下，爲較後擴充者。高阜固然容易遠望，足備窺探敵人的來攻。並且居高臨下，防守亦便，但防常發生的水患，恐怕亦是重要原因。彼時低溼地當亦甚夥，如爾雅釋地周官職方氏所舉諸澤，現多無蹤，這亦甚礙農耕。積先民幾千年的經驗，始知築堤防水，開溝洫灌田，這自然非一朝一夕之力。但禹對這些特別有能力，他能「濬畎澮距川」，他能「致力乎溝洫」，比旁人作的皆高，於是他人皆信他有法術，而禹亦成了后，成了首領。

以上所引並非說夏團之有首領始自禹，姬團之有首領始自稷，事實並不必如此。只想說首領之資格在於能力，最初的首領當亦相似。

最初的首領既帶有宗教性，他們皆是能事圖騰的教士，所以君實出自巫，弗萊則所言並不錯。及政權等差化而生的百官，亦莫不是巫的變體。俞樾謂官即館之古字，由治其事之處而名治其事之人，（兒笘錄）其說甚是。官从𠂤从宀，𠂤係𠂤團的圖騰，加宀所以表示奉圖騰之所，官者𠂤團之圖騰廟也，後遂稱事𠂤圖騰廟之教士為官。

由首領出現以前，至於周初，政權的變化至少曾經過四個階段。自然這些階段不能在一姓中完全看出，以現在史料的殘缺，只能雜取材料於各團，以為吾說的佐證。

（一）無首領時代

這方是真正的圖騰社會，即呂覽恃君篇所謂「昔太古嘗無君矣，……無上下長幼之道」的時候。直至漢朝，羌姓落後支派的羌人尙「不立君臣，無相長一」，（後漢書西羌傳）仍在這階段裏。

後來首領漸漸的產出，已若上文所述。這般首領的權力尙極微小，其地位與其餘衆人的差異甚少。孟子滕文公篇：

（二）選舉首領時代

有爲神農之言者許行，……陳相見孟子，道許行之言曰：滕君，則誠賢君也；雖然，未聞道也。賢者與民並耕而食，饔飧而治。今也滕有倉廩府庫，則是厲民而以自養也，惡得賢？

神農相傳是極古的帝王，許行治其學，所以模倣其行爲，與「其徒數十人皆衣褐、捆屨織席以爲食」，他對君的觀念亦與初民者相同，以爲當「與民並耕而食，饔飧而治」。孟子斥爲變於夷，其實最初的首領莫不若此。夷者，夏之前一階段也。夷所處之階段，亦夏之先民所曾經過者。北美克利克人（Crreek）各城皆有一位首領，選任、任期終其身，他召集會議並充任主席。凡一切公益事項皆須會議討論。他雖極受人尊敬，但他的衣服亦與常人無殊，他與其家族同狩獵，並執斧及鋤自在田間耕作。這不卽所謂「並耕而食饔飧而治」麽？（弗萊則著圖騰制度及外婚制，第三册，一五九頁）而「禹稷躬稼」，「文王卑服卽康功田功」（無逸），古之躬耕且視爲嘉猷。後之藉田，天子尙須躬推犂，尤其遺痕。

這時首領尙非世傳，而由選任，亦若克利克人者。堯舜禹之登帝位卽由部落內諸團所互選，卽代表這階段。堯不傳其子丹朱而傳舜，舜不傳商均而傳禹，足知彼時帝位尙非世傳，並且堯舜禹益皆非同姓，足知他們係由若干團所公選。至禹傳啓而帝位變爲世傳的，至少在唐虞夏諸團間，至彼時父系社會始完全建立。我說在唐虞夏諸團間，因爲各姓的進化遲速不同，同姓的各支進化的遲速亦不相同，概括說古代社會在某時代進化至某階段實在無意義，只能以每個部落或每團爲單位。古史的這部團性須隨時顧及，否則若干現象皆無法解釋。

堯舜禪讓尙能以另一個假設解釋。希臘古代的傳說有甚值得研究的，卽王位似由舅甥相傳。譬如丹達魯(Tantale)及其後嗣一共四代，無一代在其所生之處爲王者。丹達魯係里第(Lydie)王，但其子貝婁波(Pelop)則並不在里第嗣位，而與皮斯(Pise)王女結婚，承繼了皮斯王位；他們生了阿特萊(Atelee)，亦不嗣皮斯王位，反往米思恩(Mycene)爲王；阿特萊生二子，長子阿加孿儂(Agamemnon)娶拉西德蒙(Lacedemone)王女克利丹乃斯特(Clytemnestre)並嗣拉西德蒙王位；次子麥內拉斯(Menelas)娶斯巴達王女，並嗣斯巴達王位。以上共計四代，五王，皆不嗣父的王位；並且對第二第四兩代，吾人確知他們所嗣的王位卽所娶王后之父者。據歐洲學者的研究，這純粹係母系社會的遺痕，王位雖已不由女系相承，但仍用翁壻的間接方法而已。我頗疑堯舜的禪讓或亦有同類性質，堯的帝位實在應當傳給二女而非傳給丹朱，堯卒後乃用間接方法傳給舜，丹朱就自往做丹王。但這解釋不能適用於舜禹間，至少據現有的史料去觀察如此。無論若何解釋，這總是母系到父系演變中的一個階段。

初民社會的最初首領不只選任，且由老人會議議決所有要政。希臘羅馬古邦皆有參議院，我國古代有否史無明文。但若細審查東周的歷史，諸邦的卿實有不小的權力，總起來亦似老人會議，雖然並無會議的名目。若晉之六卿，鄭之六卿，皆時常聚會討論國政。（左傳文公十三年，晉六卿相見於諸浮。卽爲討論要政。）且子家羈明言若立君「則有卿士大夫與守龜在」，立君爲政權之極重要者，卿士大夫有議權，其餘可知。所以彼時雖無明白規定，但習慣上似有貴族會議，這恐卽最前老人會議的痕迹。堯典所說虞廷君臣之討論授官，不尤似老人會議麼？禹曰伯禹，稷曰后稷，夷曰伯夷，皆係首領的稱謂，舜不過會議的主席而已，不能以後世的君目之。固然堯典所記事的眞僞頗成問題，縱令其爲周以後人所造，但造僞者亦必有較後的若干史事爲模倣，所謂「欲讎僞者必假眞」（法言重黎篇），由之亦能料想曾有一時行過這類老人會議也。

百官原係政權等差化所產出之物。譬如左傳昭公十七年郯子所稱少昊諸官：

鳳鳥氏，歷正也；玄鳥氏，司分者也；伯趙氏，司至者也；靑鳥氏，司啓者也；丹鳥氏，司閉者也；祝鳩氏司徒也；鴡鳩氏司馬也；鳲鳩氏司空也；爽鳩氏司寇也；鶻鳩氏司事也；五鳩鳩民者也；五雉爲五工正，利器用，正度量，夷民者也；九扈爲九農正，扈民無淫者也。

上篇已經講過鳳鳥氏等皆係圖騰團，團而兼充官職，這正是政權等差化的現象。以前各團皆平等，無所謂尊卑，迨後政權逐漸集中而且等差化，首領及百官皆由選任，有些部落將首領被選舉權只限在某一團人所獨有，以及某官亦皆然，這卽少昊諸官的現象。如歷正永由鳳鳥團人充任，司分永由玄鳥團人充任，其餘各官皆然。近代初民社會亦有此例，若北美溫內巴哥人（Winnebago）卽係若此。羅威初民社會（Primitive Society）說：

例如警察職務是落在熊氏族人身上的，部落酋長是必須從雷鳥氏族中選出來的，公共傳呼人是一定屬於水牛氏族的。（呂譯一四一頁。羅威所謂氏族 Sib 即我所謂團。）

因此吾人能明白至少古代有若干官職淵源自圖騰團，所以有時官職亦用與支團相同的名稱稱爲某氏，若周官之職方氏，詩之尹氏，魯之太史氏等（左傳昭公二年：觀書於太史氏）。且官之名稱亦肇自圖騰的祭祀，已若上文所說。明此則衆仲所謂：「官有世功則有官族，邑亦如之」，亦能知其淵源，官與邑同，其初皆出自圖騰，所以官名與邑名皆可作氏用。吾人對官名就又發現與地名相似的定律：卽圖騰官名化及官名姓氏化的雙層現象。最初有些圖騰團分有若干部份政權，就以其圖騰名治這部政事的官，這卽圖騰官名化；乃後人歷世任這官，有了世功，就以這官的名稱作爲氏，這卽官名姓氏化。前者若少昊諸官，後者若晉之中行氏等。雖然這種現象不若圖騰地域化及地名姓氏化律之普遍，但仍不失爲一種律。至於帝王之以氏爲號者，若帝舜之稱有虞氏等，乃係圖騰地域化及圖騰官名化兩種現象的糾合，地域擴充至相當廣闊，政權擴充至相當的集權，則帝王以成，氏亦爲帝王之號，自無足異了。

對於平等共有的圖騰社會尚須補充幾句話，他們雖係平等共有的，但非毫無秩序的。他們有種種禁令，所謂圖騰禁忌，凡團員必須遵守。譬如團員起居飲食須遵照若干儀式。他們深信遵行或否與全團的盛衰有關，所以絲毫不敢疎忽。自然各團有各團的禁忌，不必須皆相同。這卽有史時代禮的前身，後來各邦各有其邦禮，卽由於這遠的來源。及首領出現政權集中以後，首領卽攫得以前分在全團團員身上的權利，反過來，他亦須獨擔任以前由全團團員擔任的義務，卽須遵守各項禁忌，不准違禮而行。於是他變成宇宙的中心動力。他若能按照禮節，各種事物皆能按照軌道，團亦能發達長久；他若少有違禮舉動，遂牽累及全宇宙，於是日月失其常，星辰失其行，風雨不時，團亦受其殃。足見首領的產生乃有交換條件的，他不只享受政權，且同時亦須負起各種義務。

在古籍中亦間能看見些痕迹。譬如呂覽：

> 湯克夏而正天下，天大旱五年，不收，湯乃以身禱于桑林曰：余一人有罪，無及萬夫，萬夫有罪，在余一人。無以一人之不敏使上帝鬼神傷民之命。於是翦其髮，鄜其手，以身爲犧牲，用祈福於上帝。民乃甚說，雨乃大至。

淮南子：

> 湯之時七年旱，以身禱于桑林之際，而四海之雲湊，千里之雨至。

尸子：

> 湯之救旱也，乘素車白馬，著布衣，嬰白茅，以身為牲，禱于桑林之野。當此時也，絃歌鼓舞者禁之。

天旱，山崩，川竭，日食等等災異，古人皆認為是人君有違禮的舉動，宇宙中心動力失其常態，所以對他須有懲罰。最初遇有這類災異時恐即須廢君或殺君，後漸減輕其罰，剪其髮，鄽其手，以身為犧牲，（帝王世紀作剪髮斷爪以己為牲，鄽其手當即斷爪。）這仍是對首領的責罰，剪髮斷爪等于殺首領，這事至周尚有行之者，若晏子所說：

> 齊大旱之時……晏子曰：君誠避宮殿，暴露，與靈山河伯共憂，其幸而雨乎！於是景公出野，暴露三日，天果大雨，民盡得種樹。（說苑）

有時更減輕其罰，若梁山崩，絳人告伯宗說：

> 國主山川，故山崩川竭，君為之不舉，降服，乘縵，徹樂，出次，祝幣史辭以禮焉。（左傳成公五年，晉語與此略同）。

昭公十七年叔孫昭子說：

> 日有食之天子不舉。

有時人君不欲自己受這懲罰，就尋出一位代之受過者。左傳僖公二十一年：

> 夏大旱，公欲焚巫尪。

檀弓：

> 歲旱，穆公召縣子而問然（焉），曰：天久不雨，吾欲暴尪而奚若？曰：天久不雨，而暴人之疾子，虐，毋乃不可與？曰：然則吾欲暴巫而奚若？曰：天則不雨，而望之愚婦人，於以求之，毋乃已疏乎？

吾人要明白首領與巫最初只是一個，巫是君之分化，所以代君受過者須找巫，這亦若漢時災異策免大臣，使之代君受懲罰同一用意。

非洲尙有殺耄君的典禮。他們以爲首領旣是宇宙的中心動力，他就應當身體永遠健全，他略有衰弱必影響及全世界。但首領之年老而體漸弱是件無法阻止的事。最初的辦法即不俟他年老而弱之時，到他已達到若干年歲之時，就先將他殺死而另立青年體健的首領，以保持宇宙的不變，非洲甚多初民實行這典禮，譬如烏尼歐羅（Unyoro）王，方他感覺體弱之時，就自退入室中，向王后要酖杯，飲之而崩。酖杯平常就備妥的。若王已疾無力索杯之時，以藥酖王乃后的職責。（弗萊則著圖騰制度及外婚制，第二册，五二九等頁）。據莫萊（Moret）等研究，埃及古時的塞德（Sed）典禮似即殺耄君禮的變態。最初埃及似亦有殺耄君的辦法，塞德典禮只是後來減輕的儀式。行過這典禮後，埃及王就回復了健康，重新活了。我疑心堯之舉舜，舜之舉禹，禹之舉益，皆與此有關。堯舜禹何以皆生前舉舜禹益呢？這似即爲的避免殺耄君之舉。最初或曾有過這典禮，後減爲在首領既達某年齡時，須改舉年青人以自代，若此則不再殺耄君，只改由較青年的人執政。舜禹益之薦似即因此。

部落中團數逐漸增加的原因有多種，其重要者略如下。（1）由於互求幫助的需要，非這部落的團和平平等的加入。（2）由於這部落的威力，他團求助而加入。（3）由武力強迫他團加入。但他團仍有相當力量能保持其團組織而不淪散爲奴隸。（4）由於部組織的漸渙散，部中所屬各團漸趨向獨立，與部成爲平等的地位。（5）社會由母系變爲父系，兩部各團發生互混而增加的現象，這現象幫助部落的統一及君權的加強不淺。有這些原因，部落遂擴成邦國、天下，首領既爲宇宙的中心動力，他不止對全團負責，並且對所有的團負責，各團的禁忌（禮）皆須遵行。周王用四代樂的起因想亦由於這類觀念。

（三）弟兄共權時代

團首領既由舅甥相傳改爲父子相傳以後，世傳的權利爲前任首領的下一輩所公有，而非若周人之只由長子承襲者。這階段的代表可以商湯以後的商代諸王充之。湯以前的傳位是否只由父以傳子，或兼兄弟相傳，現在已發現的卜辭尚無從佐證。史記稱契卒子昭明立，昭明卒，子相土立等，祖孫父子相傳之序昭然；史公對湯以後的世系，由卜辭證之，似無大差；既不僞於湯後，似亦不應僞於湯前。對此雖似無疑，但湯前商諸先公當亦若湯以後弟兄共權者。理由如下：（一）在初民社會裏，只見有由弟兄共權變趨一代一人集權者，而未見相反現象。在理論方面講，商人不應與之相反。（二）天問既說「該秉季德，厥父是臧」，又說「恆秉季德」，王靜安證恆係王亥的弟兄。卜辭中另有王吳，王先生亦考爲商之先公，而史記未載此人。足證史記所載湯以前商之先公世次雖全，而人數不備。由契至湯十四世，但曾爲君者固不止史記所載諸人也。武丁以後有大宗之祭，（武丁以後，用董彥堂先生說）卽一代只以一人爲代表，而略其餘。史記所載想卽據湯以前諸大示的名單，一代只有一王。由此又能窺測天問所謂（昏微率跡，有狄

「不寧」之昏微或係兩人。舊釋謂昏是微的另一個名字，按微已稱上甲微，不應有兩名，顯然與紂之稱受辛，武庚之稱武庚祿父不合，昏當係微的弟兄。但爲愼矜起見，姑以湯

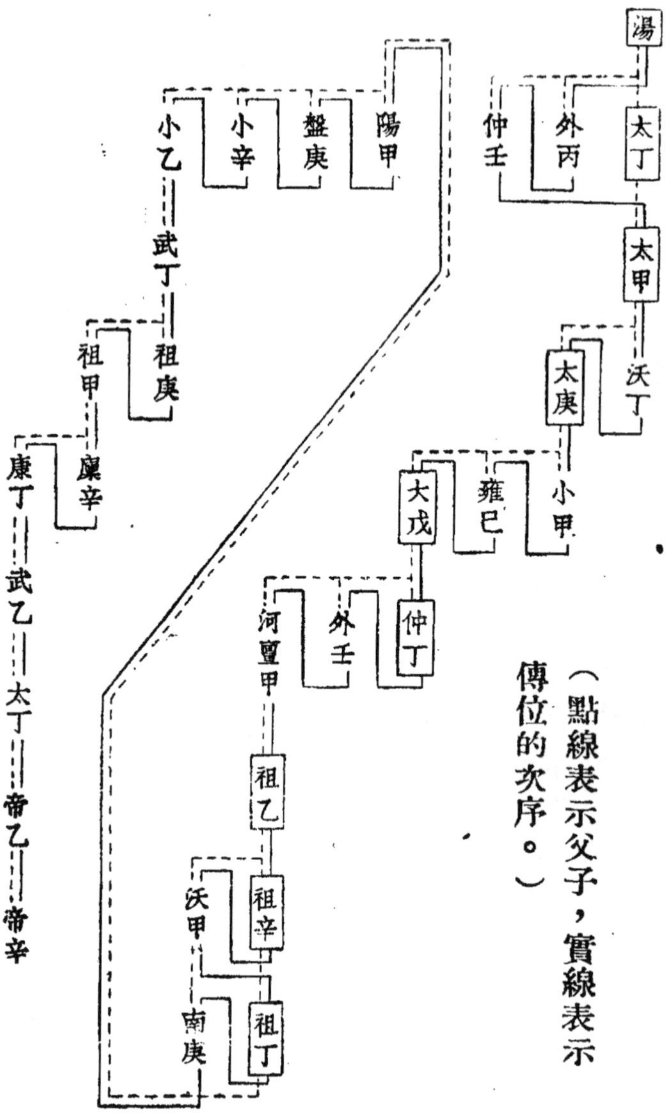

（點線表示父子，實線表示傳位的次序。）

以後諸王作這階段的代表。列商諸帝表如右圖。

自湯至帝辛共十七代，三十一帝，其中父子或叔姪相傳者十六次，兄弟相傳者十四次。商人至少在稱謂上，下一代對上一代皆稱爲父，而無伯叔與父之分；上一代對下一代皆稱爲子，而無兄子、弟子與己之子之分。這層在上篇講初民稱謂時已經講到，所以現對父子相傳或叔姪相傳者等量齊觀，其次序若後：

湯傳太丁，仲壬傳太甲，太甲傳沃丁，太庚傳小甲，太戊傳仲丁，河亶甲傳祖乙，祖乙傳祖辛，沃甲傳祖丁，南庚傳陽甲，小乙傳武丁，武丁傳祖庚，祖甲傳廩辛，康丁傳武乙，武乙傳文丁，文丁傳帝乙，帝乙傳帝辛（共十六次）。

商人至少在稱謂上既無伯叔與父之分或兄子弟子與己子之別，所以同代者皆互視爲弟兄，而同父兄弟與從父兄弟或甚至於更遠的弟兄亦等量齊觀，其次序若後：

太丁傳外丙，外丙傳仲壬，沃丁傳太庚，小甲傳雍巳，雍巳傳太戊，仲丁傳外壬，外壬傳河亶甲，祖辛傳沃甲，祖丁傳南庚，陽甲傳盤庚，盤庚傳小辛，小辛傳小乙，祖庚傳祖甲，廩辛傳康丁（共十四次）。

觀此則商至少在成湯以後，尚實行兄弟共權制度。彼時政權尚未集中在每代的長子身上，而爲一代所共有。所以一帝之終，不必須傳位於其長子，且須傳位與其弟兄，俟這一代陸續享有政權後，始傳給下一代的人。事實上雖然全團的人不必能皆做首領一次，但學理上全團的人皆有做首領的機會，事實上全團的人不必平等，但學理上全團的人皆平等共權。商人至少在武乙以前仍在這種階段中。

但在武乙以後，至於帝辛，四世皆由父傳子，帝辛被殺以後繼位者仍係其子武庚，而未由其弟兄。這種現象顯然與武乙以前者不同，而不容漠視。這正是由弟兄共權而漸向長子繼承制的改變。固然吾人現尙不知道繼立者是否必須長子，微子啓的傳說對此頗有問題。但一代只有一人能握政權則確係事實。這正是武乙以前弟兄共權社會趨向周人立長子的宗法社會的中間現象。

這種弟兄共權在初民社會中亦尙存在。澳洲北部維多利亞河左近的瓦獨鑾（Waduman）部落，其圖騰尙由母系以傳，但首領的繼承則由父系。斯賓塞著澳洲北部土人部落(Spencer, Native Tribes of the Northern Territory, of Australia)198頁說：

圖騰團體的首領名爲總公尼 Tjungunni。他故時則由其最長的兄弟繼位，若是以遍及諸弟兄，並包括其父的弟兄的諸子於內。若這些弟兄皆已不存在，那麼，就由最長之子繼位。鑒如有弟兄三人，而其長者卒，總公尼之位並不由長者之子承繼，但歸由生存弟兄之最長者。

但若其兩兄弟皆已前卒，則將由其兄之長子繼立。

這所說不完全與商人的繼統相同麼？諸弟兄內並包括其父的弟兄的諸子於內，觀商人稱伯叔與父相同，商人所謂弟或不盡係同父之弟，或且有伯叔之子在內，亦未可知。譬如董彥堂先生在甲骨文斷代研究例中列舉武丁諸子，恐內中卽有武丁諸弟兄的兒子。

此外斯賓塞更說所謂一代的長子並不一定最年長者，凡弟兄中長支之長子，雖其年齡較次支之長子爲幼，其繼立亦將居先。商人是否亦若是，現在雖然文獻不甚充足，不敢確下斷語，但觀祖辛以下，祖辛之崩，沃甲繼立，此兄弟相繼也；沃甲之崩，立者非沃甲之子而係祖辛之子祖丁，此長支優先權也；祖丁崩，立者爲沃甲之子南庚，此顯然從父兄弟繼立也；南庚崩，立者不爲其子，而由祖丁之子陽甲，此又長支之有優先權也。史公對此數世所記特詳，想必非臆造而有所確據。惜對其餘諸代闕文無徵，只據稱謂無從證明其確實血統，在殷墟發掘對此未得詳確佐證以前，現尚不能確立完備的商人繼承律。但祖辛至陽甲間諸代繼承現象當非偶然。此外再加上康丁至武庚間，一代只有一人繼立；更加上商代季世有「大示」之祭，一代只祭一帝，（表中凡加框者皆係大示）；顯然在弟兄平權之中，已露出長支的優先權，這已漸踏上宗法社會大宗地位高過小宗之路。商人繼承律對此恐怕亦與瓦獨變者相似罷。

雖然若是，但商代政權，至少在成湯以後，已不由舅甥相傳，而由父子相繼。此外有人說商代社會尚在亞血族羣婚階段，似過武斷，稱謂固然引起兄弟共妻問題，但只稱謂不足證實其在某時代仍舊存在。上篇中曾講到漢晉人尚稱叔姪爲父子，就能以此說晉人尚在亞血族婚階段麽？郭沫若先生以卜辭中「多父」證商人仍在亞血族婚階段，尤覺薄弱，多父等於諸父，詩亦說「速我諸父」，然則亦說西周人尚在亞血族羣婚階段麽？歷史的證據亦與之恰相反。商人這節尚須其他佐證，對此不敢苟同。

（四）長子集權制

周人立長子代表另一階段。文王以前是否已實行立嫡長，抑亦似商人之兄弟同等，這層史料無徵。固然周書克殷解：「王烈祖太王，太伯，王季，虞公，文王，邑考，以列升。」頗似商人之兄弟同等，但這或只是祭禮如此，而繼承不一定必然。因爲如果兄弟可繼，太伯、仲雍則可以不必逃，繼立者亦將屬王季。反過來，文王以前的世系雖若歷世父子相傳，卽將后稷不窋間世次之確否闕而不論，這些世系是否不與商代後半之祭大示相似亦成問題。吾人知道商代後半曾有大示之祭，所祭一代只一帝，而將同代的餘帝置而不祭。或者文王以前的世系只係大示，一代只舉一王，事實上在位者不止此數。因爲目前對此難下斷語，所以只以文王以後的周人作長子集權階段的代表。

文王以下，周人確係父傳子，一世只立一君不再弟兄共權。其世系表見左。

文王—武王—成王—康王—昭王—穆王—共王—懿王—夷王—厲王—宣王
（穆王—孝王）

幽王—平王—洩父—桓王—莊王—僖王—惠王—襄王—頃王—匡王
（頃王—定王—簡王）

靈王—景王—悼王
（景王—敬王—元王—貞定王—哀王、思王、考王）
（考王—威烈王—安王—烈王）
（安王—顯王—慎靚王）

赧王

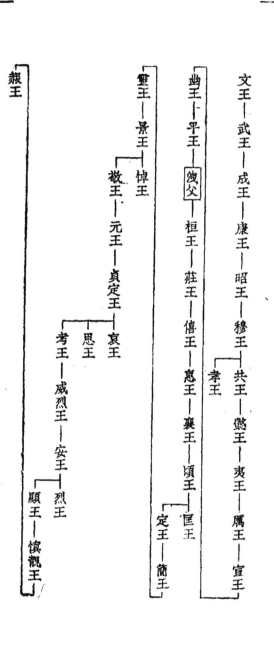

文王至赧王共三十二世（洩父一世未立，不數），三十八王，父子相繼者三十二王，非父子相繼者只孝王，定王，敬王，思王，考王，顯王六王。其中有三王已確知其卽位非照常例，當時皆有亂爭，卽敬王，思王，考王是也。悼王卒時，周室方亂，子朝與悼敬爭立，悼王年幼，想必無子，故不得不立其母弟丐，（史記集解引賈逵曰：敬王，猛母弟。）否則無以敵子朝。其事載於周本紀及左傳甚明。至於思考兩王，周本紀明說「弟叔襲殺哀王而自立，是爲思王。思王立五月，少弟嵬攻殺思王而自立，是爲考王。」則此三王之立皆由於亂時，而非常例也。懿王崩，不立其子，反由其叔父孝王立，觀孝王崩，諸侯復立懿王太子，是爲夷王，其間想必有爭立之事而史失載。以三十八王計，其中三十二王合於正軌，只六王例外，其比例數略等於百分之十五，況其內實有因亂而變例者，則文王以後之周人父子相繼，幾等於百分之百，事實與禮經所載，亦相同也。

周人雖立長，但西周之初，未嘗無若干兄弟共權的遺痕。當文王時，他的兄弟號仲號叔皆爲卿士（左傳僖公五年）而文王有事必咨詢他們（晉語：諮於二號）；當武王成王時，則武王的兄弟周公爲太宰，康叔爲司寇，聃季爲司空，（左傳定公四年）弟雖無權繼承兄的王位，但未嘗不分他的一部分權力，參與國之大政。降至春秋，魯之三桓，鄭之七穆，最初莫不係公之弟兄。彼時之卿，權力實高過後世之相。雖然不皆若衞獻公所說「政在甯氏，祭則寡人」，但國之所有大政，不能不咨詢他；立君亦必須徵其同意（魯莊公問後於叔牙，又於季友，皆其弟。子家羈亦言「若立君則有卿士大夫與守龜在……」）。君之與會、聘問等莫不以卿大夫爲相。雖名爲相禮，但事實上辦外交，左傳中君之言少而相之言多，想卽因此。卿權卽分君權之一部，卿權重則君權輕，兩者互爲消長。這些尙係兄弟共權的遺痕。

再進一步看，周初的封建雖係實施「以藩屏周」的政策，亦未嘗不有分權的意義暗存。以前兄弟共一王位，現在則將王位化分出若干小者，與弟兄共享。這亦係兄弟共權的變態。

縱觀第三第四兩階段，商人雖弟兄共權，但末世一代只立一人，已趨向長子集權制，由前者進至後者，只須將政權集中於長子，而不隨意集中於其餘任何次子身上。周人雖長子集權，但王之弟兄仍保留着相當權威，足徵弟兄共權之風尙未完全脫盡。兩階段實在是相聯的，後者出自前者。方私有財產權建立以後，凡人莫不欲以其所有傳諸其子，而不欲傳諸其姊妹之子——甥，於是權位由舅以傳甥者變爲由父以傳子。凡人皆欲以其所有傳諸其子，而不欲傳諸其弟兄。父對諸子雖無歧視，但下一輩其子卻對其弟兄及其子（子之子）顯有不同，於是代代相傳，各愛其子，弟兄共權遂不能不變爲一子集權，甚至於長子集權。這些階段乃人類進化史政權集中的自然趨勢，並非若王靜安先生之以爲周公所創而有深意存乎其間者，亦非若徐中舒先生據這些不同制度以斷殷周之爲兩個不同的民族也。這只是兩個階段而已。至於夏人，禹以後在何階段，現無從知，亦可能彼時夏人已上於一子集權階段裏。這並不與商人之弟兄共權相仿，部團不同，自然不必同時登上某一進化階段也。

周人雖已行長子集權，但其餘分權現象仍舊未全泯，已如上所述，眞正的集權在一人身上須到秦始皇時方能完全出現，於是由平等共權的圖騰社會進至政權集中且等差化的社會完全實現。

七　結論

以上極簡略的研究給與吾人的結論如下：

中國史前時代曾有過圖騰制度，內包括圖騰團的組織。

並有過這制度附帶的一些現象，若外婚，若婚級等。

其次並由於圖騰團的演變而發生地域化、個人化各項現象，於是發生圖騰地域化及地名姓氏化定律。

更因圖騰地域化、個人化現象而發生生祖，地方神，自然神等。

由這些現象的綜合，遂使最初散在全團的政權漸集中到一人身上。

簡單說起，這些現象亦與現代初民社會的相似。

這自然是一篇極不完備的文章，有些材料或尚未爲著者所採及，或蘊藏地中而尚未被發現，當然尚有待極端的補充，但研究的大綱似已具於是篇。最初目的卽在於證明中國史前時代曾有過圖騰社會，及說明政權集中亦略若其餘初民所經過者，漸緩的由平等共有而趨向一人集權。圖騰社會的演變是政權集中所必須的現象，不能不略有說明，除此以外，說明有史時代若干制度之處實係少數，且所說者皆極概括者，（雖然待此說明者，似非鮮少。）細微處皆未能研究，因將超出這篇的範圍，皆留待專篇詳細討論。

不只對有史時代的制度能有說明，圖騰研究且能於古史有極深的裨益。我在這篇內屢提及部團性，這是我草這文時，常顧及的事實。但這並不妨害古時中國各處種族或是相同，亦不妨害最初或只是極少的幾個文化叢，甚而一個文化叢。部團性的假設並不害及這些。蘇末爾人在美索不達米亞的現象足供參考。

同源的文化因爲環境的不同，產出的制度常不盡全似。我雖然自中常顧及部團性，但亦未將各部團文化同源的可能絕對放棄。我以爲在未能證實古代各民族的種族相同或否，文化的同源或否以前，不妨先將各部團分別研究，若先立起人種同源，文化同源的一統成見以後，或將使古史研究發生誤解；反過來部團分別研究能作整個古史研究的前驅，能將整個研究的陣地築成。實在說來，我頗疑傅孟眞先生古代東西兩派文化之近理，但亦疑心兩派之接觸不始於殷周之際，其相激相盪當由來已久。傅先生以爲西派傳說爲虞夏二代，東派爲太皞少皞商三代，至周合而爲虞夏商周四代。但我疑心虞團與風團最初似非毫無接觸，有虞氏皇而祭，皇冠是風姓特有的圖騰冠，有虞氏用之，必是最初虞團風團曾發生接觸，故採取之，並足證風團文化彼時高於虞團者。至於祝融八姓久處黃河兩岸，與夏之關係似極密切。但這些未能完全證實以前，將各部團分別研究，似較合理。由圖騰觀點上看，現在陝晉之間有姜姬兩部；晉南有祁姚姒各團，鬼團亦與接鄰，易（狄）團稍北且東漸至於河北；東部則有風團，玄鳥團等團，他們似一部所分

二六〇

化者；人團（夷團）或亦與有相當關係；沿河兩岸，東至魯東，則有祝融諸團。至少在某一時代，各部團的定居有若上者。（這只是舉例而已，此外古書中尚有不少姓氏，足供研索；且當有若干團部，其稱號或未傳至有史時代者。事實上最古部團數目當甚多。）研究圖騰團分佈問題有兩個困難：（1）由於圖騰地域化及地名姓氏化的雙層現象，常難確悉某氏是某團的支團；（2）由於地名的遷徙現象，雖知某地名與某圖騰有關，但難確悉這圖騰最初屬於何姓，因而確定這姓最初的定居範圍。若顧及這兩個困難，將地名與圖騰的相互關係加以研究，對於史前時代的各部團分佈當有較詳的知解，這於研究古史裨益必非淺鮮。我在上篇中所舉各姓下曾略及其定居範圍，即爲稍示若向此方努力，當能有新的創穫。

有史時代若干制度亦非明白圖騰制度，無法說明。譬如周人的宗族組織已極完密，世繫譜牒昭然，爲何尚保存昭穆制度者，即因這實源自圖騰制度，由來已久也。更有甚者，有些習俗、神話，亦莫不與某一團的圖騰有關，所以爲中國民族學、宗教史計，亦有研究他的必要。圖騰制度研究實在太重要了，幾乎可以說他與初民的研究合而爲一，固然不能說初民社會的種種現象皆出自他，若說這些現象以前就曾存在，但因他而發生與前不同的色彩，似非過甚之辭。所以我以為證實圖騰制度曾存在於中國史前時代，對於中國古史研究，民族學研究，宗教史研究，皆有極重要關係。

圖騰社會研究不只與中國古史有益，證實中國圖騰制度的存在且與人類史有極重要的貢獻，因為他或將使人類史研究者的觀念改變。圖騰制度只存在於澳美非三洲及亞洲的一小部分，而大部分的亞洲、歐洲、北非洲皆無之，久已成了民族學的定論。譬如圖騰制度研究的大師弗萊則在其鉅著圖騰制度及外婚制上就這樣說。（第四册，一一一五頁）有些學者雖極力研究圖騰社會的遺痕，若莫萊（Moret）之對埃及，萊那施（Reinach）之對希臘，由於能作根據的材料過少，其成績尚極細微。以我國在地域上所佔之廣，證明我國史前曾有過圖騰制度，使圖騰制度在世界的區域增加，即使他在人類史上地位增高。不止此也，圖騰社會係宗法社會的前身，莫爾根深感其若此，所以他列希臘的演司 Gens 於北美的團之後，並稱團亦曰演司。但有不少民族學家非其說，皆因現在所知者，一方面有現代初民的圖騰社會，另方面有希臘羅馬的宗法社會，而未見兩者過渡的痕跡，等於只見河之兩岸，而未見中間之橋梁。現在可說這橋梁已尋獲，即我國史前的圖騰社會變為有史時代宗法社會之經過。由於姓即圖騰的證實，吾人能看見圖騰社會進至宗法社會的經過，這不與人類史有極重益處麼？現代初民未能保存寫出的極古歷史，有極古歷史者若埃及，若希臘等又未能保存甚多圖騰社會的遺痕。有極古歷史且至晚近尚保存圖騰社會遺痕者，我國是人類史唯一的現象。

再者希臘羅馬的宗法社會係與周代宗法社會相同的進化階段，周代宗法社會既出自史前的圖騰社會，則希羅等邦更早亦必有過圖騰社會，似無疑義。若是，則不特能證明非小部分亞洲而係大部分亞洲有過圖騰制度，卽亞利安系亦曾有之。豈不將圖騰制度區域更加擴展了麼？由是而結論各洲皆曾有過，這制度之普遍將使弗萊則等諸學者所疑為人類進化史一階段者，遂能證實，而杜爾幹所謂圖騰信仰實宗教的最簡單形式或亦由是而可信矣。所謂或將使人類史研究觀念改變者此也。人類史這些疑問因而有了解答，這眞是何等重要之事。我固然不敢妄謂這篇粗淺研究卽能對這些有何等貢獻，只想說中國史前時代曾有過圖騰社會，既由有史時代尚保存的各種遺痕證實以後，順着以上所列這些途徑，能有達證實圖騰社會為人類進化史的一個階段這種目的之一日，這篇不過稍盡對中國史前圖騰社會研究篳路藍縷的工作，至其詳細研究，則非這文所能舉其萬一也。

〔附錄〕 中國古代婚姻制度的幾種現象

在這篇內，我的目的不在對古代的婚姻制度做普遍的研究，只欲對幾個特殊的現象與近代初民社會者互相比較，然後再說明其所以然。由古書內的記載，對於古代的婚姻看出三個現象，卽(1)娣媵制；(2)多姓多妻制；(3)烝與報。

在研究他們以前，尙有一件事必須先說明的，卽外婚制。若不先將他說明，對於以後的研究就有時甚不易了解。較原始的社會分爲若干圖騰團(Clan totemique)，團各有其所奉的圖騰，團就是當時社會的最小單位。對於這些我在拙著中國古代的圖騰制度及政權的逐漸集中篇內已經詳述，玆不再贅。我在那篇內並曾證明中國古代亦曾有過圖騰團的存在，而較後的宗法社會只是較古的圖騰社會的演進。團既各有其圖騰(姓)，亦各有其團性(性)，因此而發生各種事物之不同，因此而發生個個團的獨立性。但圖騰社會有另一種現象，卽禁止團內的雜交，同團人的配合被視爲亂倫行爲。所以婚姻必須互求於異團。於是在團的獨立性以外，又發生相反的現象，卽二團間時有相互的交換。

由前一種現象使團各保持其獨立性，由後一種現象使團間保持不斷的交換。兩種現象的相互影響遂使互相交換的兩團合組成另一種團體、部落。團的性質若是家族的，部落的性質是政治的。近代民族學家常謂部落分爲兩團，其實應當說部落是由兩團合組的，部落與團的性質完全不一樣。兩團交換的事物雖非一端，而婚姻實爲最重要者，卽甲團的男子必須娶乙團的女子，而乙團的男子亦必須娶甲團的女子。不特甲團團員不許與同團人互相婚娶，且只能與固定的另一團（乙團）通婚，對另外的團是不許的；反之，乙團亦如是。這就是最典型式的外婚制。現代初民社會以及中國古代的行輩稱謂皆足證其曾存在過。（關於中國古代行輩稱謂，請參閱拙著中國古代的圖騰制度及政權的逐漸集中篇）古人極重視行輩，這觀念直存至現在的中國，因此行外婚的兩團是按着行輩歷世互爲婚姻，卽不止甲團的第一代男子娶乙團第一代的女子，乙團第一代的男子娶甲團第一代的女子，而甲團第二代的男子仍須娶乙團第二代的女子，乙團第二代的男子仍須娶甲團第二代的女子，第三代，第四代以至於無數代莫不如是。他們的婚姻契約是一次訂立而包括歷代的。近代民族學家對於這典型式的外婚制疏忽指出一個現象，卽典型式的外婚制產生時的環境及以後的維持賴於羣婚。試問兩團同行輩的男女人數不一定相同，他們既不能向另一團去求婚，又不能恰合的一男娶一女而無餘剩，那麼，外婚的維持只有賴於羣婚。卽甲團的一代男子共娶乙團同行輩的一代女子，而甲團的一代女子共嫁乙團同行輩的一代男子。圖騰社會最初的婚姻制度是外婚的且是羣婚的。

但後來環境變化，圖騰社會亦發生了演變。由平等共產的社會漸變爲政權集中且個人化的社會。團內產生了父權，部落內產生了君權。婚姻亦由羣婚而趨向個人婚。更加各團的接觸較易且多，不能再維持單獨兩團的簡單關係。於是婚姻變爲較複雜，外婚雖仍舊維持，而亦漸變其性質。通婚雖仍須向異團，然不必再似以前的必須只向某異團，而能向任何異團。這卽周人的同姓不婚，同姓不婚制只是外婚制的一種演變。

一 娣媵制

初民的外婚制既已說明，現先陳述娣媵制的史料。

周的娣媵制分爲兩類：曰娣，曰媵，請先言娣。

娣，女弟也，其義甚明。對此有引起吾人興味的一事，必須特別指出者，卽北美印第安人稱兄及姊各有不同，而稱弟及妹則不分。中國古時稱兄曰兄，稱姊曰姊，（詩邶泉水：問我諸姑，遂及伯姊。）而稱弟及妹皆曰弟。姊當係較後起之字，加女旁以區別男女者，最初當皆曰弟也。妹之初義只指少女，易歸妹及詩大明足證。（歸妹注：妹者少女之稱也。）後因弟之不分男女不便，且娣有娣媵意，遂用妹字以代之。最初則弟及妹皆曰弟也。而後來娣則變爲從姊共嫁的女弟的專稱。娣之最早見於記載者，當爲易及詩。易歸妹：

其君之袂不如其娣之袂良。

詩大雅韓奕：

諸娣從之，祁祁如雲。傳：諸侯一娶九女，二國媵之。

韓侯西周時人，而易稱帝乙歸妹，雖其文或係西周者，但由故事足證商末亦有娣也。

東周的世族尙通行娣的制度。左傳隱公三年：

(1)（衞莊公）又娶于陳曰厲嬀，生孝伯，早死，其娣戴嬀，生桓公，莊姜以爲己子。

戴嬀是厲嬀之娣。又莊公二十八年：

(2)晉伐驪戎。驪戎男女以驪姬，歸生奚齊，其娣生卓子。

驪姬及其娣同適晉獻公。又閔公二年：

（3）閔公，哀姜之娣叔姜之子也。

叔姜是哀姜之娣。又文公七年：

（4）穆伯娶于莒曰戴巳，生文伯，其娣聲巳生惠叔。戴巳卒，又聘于莒。莒人以聲巳辭，則為襄仲聘焉。

聲巳是戴巳之娣。又襄公三十一年：

（5）立敬歸之娣齊歸之子公子裯。

齊歸是敬歸之娣。又哀公十一年：

（6）（衞太叔）疾娶於宋子朝，其娣嬖。

宋子朝之二女同嫁太叔疾。由是條及（4）觀之，娣制不只適用於邦君，且適用於大夫，魯孟穆伯及衞太叔疾皆大夫也。再左傳雖未明言，然以情形度之，則亦娣制，如隱二年經：

（7）伯姬歸於紀。

隱七年經：

叔姬歸於紀。

范寧穀梁傳集解：

叔姬，伯姬之娣。（左傳杜註文同）

左傳僖公二十三年：

（8）秦伯納女五人，懷嬴與焉。

此雖未用娣字，而五人皆秦穆公女，同嫁晉文公，則亦爲姊妹共夫也。

山以上各事觀之，則東周時娣制至少尙通行於魯（3、4、5、7），衞（1、6），晉（2、8），驪戎（2、以上姬姓）；齊（3），紀（7、以上姜姓）；陳（1、嬀姓）；宋（6、子姓）；莒（4、己姓）；胡（5、歸姓）秦（8、嬴姓）。見於記載者如此，其未見者尙不知凡幾。其制以等級論則上至邦君，下及大夫，以區域言，則見於記載者已經甚廣；眞可謂普遍矣。

這種婚約是連帶的，一次適用於幾個姊妹。若姊妹皆已達相當年齡則偕行，否則幼者待年於國或家，及年始往夫國（或夫家）。所以何休註公羊傳隱公七年「叔姬歸於紀」說：

叔姬者，伯姬之媵也。至是乃歸者，待年父母國也。婦人八歲備數，十五從嫡，二十承事君子。

范寧穀梁傳集解在同條下引許愼曰：

姪娣年十五以上，能共事君子，可以往。二十而御。

不止往嫁是連帶的，卽離婚亦是連帶的，假使姊被出，妹亦同時被出。左傳文十二年：

杞桓公來朝，始朝公也。且請絕叔姬而勿絕昏。公許之。杜註：不絕昏，立其娣以爲夫人。

蓋若不特別聲請，則絕叔姬卽同時絕其娣，所以有聲請之必要，並須魯公之「許之」。又哀公十一年：

（衞太叔）疾娶於宋子朝，其娣嬖。子朝出，孔文子使疾出其妻而妻之。疾使侍人誘其初妻之娣，寘於犂，而爲之一宮，如二妻。

孔文子使疾出其妻，照例其娣亦因此而同被出。但是疾終久嬖之，故使人誘寘於犂。若無聯帶性，則疾不妨出其妻而留其娣，不必出之而更誘之也。因爲婚約是連帶的，所以婚須同時成，亦同時離。且生子亦係連帶的。所以文公十八年穀梁傳說：

姪娣者，不孤子之意也，一人有子，三人緩帶。

范甯以為「一人有子則共養」是也。初民既視姊妹之子若己子，姪娣之子，皆仍視同嫡夫人之子，所以說生子亦係連帶的。蓋古時所謂母弟，不必係同母所生，凡姪娣所生亦曰母弟。

娣以外從嫁者有時有姪，據莊公十九年公羊傳：

姪者何，兄之子也；娣者何，弟也。

記載內對東周時事亦曾言及姪。若左傳襄十九年：

(9)齊侯娶於魯曰顏懿姬，無子；其姪鬷聲姬生光，以為太子。

又襄二十三年：

(10)臧宣叔娶於鑄，生賈及為而死；繼室以其姪。

則東周時從嫁習俗，娣以外至少有時有姪。嫡以外一姪一娣，只見於漢儒或六國時人之說，而由以上記載內，有時言娣，有時言姪，或者當時不必須姪娣同時具備，亦未可知。但從嫁者，有時有姪，則甚確也。

現尚須問姪娣制有何限制？是一次須娶嫡之所有女弟及姪耶？抑只娶嫡之若干娣或姪耶？據漢儒所說，只許娶一娣一姪。上面所引左傳(1)至(7)條皆只舉一娣，(9)

及(10)條皆只舉一姪；只(8)秦伯納女晉文公，則係五人，這亦或是例外。照常法說漢儒之議或亦距事實不遠。並且魯國諸姬亦不皆似(7)之伯姬叔姬皆歸於紀。譬如莊公二十五年經：

(11)伯姬歸於杞。

莊公二十七年經：

(12)莒慶來逆叔姬。

叔姬未隨伯姬而歸杞也。(僖公十五年經：季姬歸於鄫。季姬或即上歸莒之叔姬之娣。)又若左傳莊公十年：

蔡哀侯娶於陳，息侯亦娶焉。息嬀將歸，過蔡。蔡侯曰：吾姨也。止而見之，弗賓。

蔡侯稱息嬀曰姨，則蔡嬀與息嬀係姊妹，一適蔡，一適息，未共嫁一夫也。左傳閔公二年：

初，惠公之即位也，少，齊人使昭伯烝於宣姜。不可，强之，生齊子戴公文公宋桓夫人許穆夫人。

宋桓夫人及許穆夫人是姊妹，一適宋，一適許，亦未共嫁一夫也。

由以上各事，能知娣有不隨姊嫁者。反之，只娶嫡之若干娣，而非同時娶嫡之所有女弟也。

至於充娣須何條件？譬如有姊妹幾人，伯嫁時何人合充娣的條件？還是以次序耶？還是照另外的條件？對此漢儒並未有說。若照(7)條看，伯姬適紀，叔姬從嫁，則係按次序。然宋桓夫人與許穆夫人只有同母姊妹兩人，何以許穆夫人不隨姊而共歸宋？且魯嫁女於宋而衛晉齊人皆來媵，衛嫁女於宋則只一人，似不宜相遠如此。且詩衛碩人言莊姜係「邢侯之姨」而「譚公維私」，她的妹並未充她的娣而分嫁邢及譚，或者她若少於邢姜或譚姜，則她亦未充她的姊之娣。盧文弨始提起這問題，他以爲古者對嫡庶之分甚嚴，嫡出者適他國爲夫人，而庶出者則充姪娣。（抱經堂文集卷二十四，答問）

後王宗涑亦以爲：

古不以同母妹爲娣。宣姜二女，一爲宋桓夫人，一爲許穆夫人；莊姜同母姊妹，一適邢，一適譚，可證也。且夫人所出恆爲夫人，娣所出恆爲娣，所謂貴賤有常也。（說文解字述誼）

我意娣媵制是姊妹共夫制的一種演變，在這種制度下，不能再無限度的娶妻之所有姊妹，只能娶妻妹中之一；非所有妹皆隨姊嫁，只妹中之一人隨姊嫁，所以充娣是有條件的。至於條件，或亦常有變更，但盧文弨所舉似是其中之一，卽嫡女出嫁時，以其庶妹充娣。

姪娣以外尙有媵。公羊傳莊公十九年：

媵者何？諸侯娶一國，則二國往媵之，以姪娣從。姪者何？兄之子也。娣者何？弟也。諸侯一聘九女，諸侯不再娶。

杜氏釋例：

古者諸侯之娶，適夫人及左右媵各有姪娣，皆同姓之國，國三人，凡九女。參骨肉至親所以息陰訟，陰訟息所以廣繼嗣也。當時雖無其人，必待年而送之，所以絕望求，塞非常也。夫人薨不更聘，必以姪娣媵繼室。（左傳正義首引）

媵與「諸侯一聘九女」似是相連的問題，蓋傳意以為一國之女從以姪娣，則共三女；三國各有姪娣，則共九女也。據左傳成公八年：

衞人來媵。

又九年傳：

晉人來媵。

三傳皆以為媵魯女伯姬。而對於成公十年之「齊人來媵」，左傳則以為「凡嫁女於諸侯，同姓媵之，異姓則否。」然則所謂三國者指同姓之國言，媵與嫡皆係同姓。（公羊傳以為「三國來媵，非禮也」，而未說異姓宜否從媵，所以「何休以為異姓亦得媵」，但鄭君在箴膏肓難之曰「天子云備百姓，博異氣；諸侯直云備酒漿，何得有異姓在其中？」（何鄭說皆見穀梁傳疏及左傳疏）何鄭所引似皆無確實證據，足以確證這問題。我意同姓媵是較初的辦法，因為最初這姓只能娶另一姓的女子，不能娶他姓者。但後來政權逐漸集中，或者同姓媵更擴展至異姓，亦未可知。鄭君所說較前，而何邵公所說指較後者。現以同姓媵為娣媵制，異姓媵暫不討論，若苟有之，則將入下文之多姓多妻制節。」

據左傳僖公十七年：

> 齊侯之夫人三：王姬徐嬴蔡姬皆無子；齊侯好內，多內寵，內嬖如夫人者六人：長衛姬生武孟，少衛姬生惠公，鄭姬生孝公，葛嬴生昭公，密姬生懿公，宋華子生公子雍。

頗使人疑長衛姬少衛姬鄭姬密姬之內有係王姬或蔡姬之媵者，而葛嬴係徐嬴之媵者。媵者實即姪娣之擴充，其來源下文當細論之。

現對於姊媵制的史料既已陳述，再略舉近代初民的姊妹共夫制材料，以備比較。

在初民社會中，姊妹共夫制亦是屢見不鮮的。莫爾根(L. H. Morgan)是指出這現象的第一人，而姊妹共夫 Sororate 這字卻造自弗萊則 (J. G. Frazer.)。莫爾根在古代社會(Ancient Society)中說這習俗至少在北美印第安人四十個部落中通行。一個人若與一家的長女結婚，其餘女既達婚年之後，他亦娶她們為妻。（四三二頁）弗萊則在圖騰制度與外婚制(Totemism and Exogamy)第四册內（一四一頁至一四七頁）曾搜集這習俗的若干材料，今簡單逐譯如次。

美洲：

(1)歐薩治人 Osages 的習俗，若娶一女，不只此女歸其人為妻，凡女之妹皆歸於他。

(2)波達瓦他米 Potawattamies，若娶許多姊妹之一人，則姊妹全體歸於他。

(3)白拉克佛人 Blackfeet Indians，妻的衆妹皆被視若其妻。妻妹若另適他人，必須先得夫之同意。

(4)堪沙人 Kansas，妻的衆妹皆備歸其夫。

(5)米乃達利人 Minnetarees，娶長姊者俟其妻之妹及年之後，亦能求娶她們。

(6)阿巴希人 Apaches，妻之妹及年之後，夫亦娶她們。若妻無妹，則娶同闕他女。

(7)曼丹人 Mandans，娶長姊者有權娶其衆妹。

(8)克洛人 Crows，娶一家之長女者，俟妻之衆妹及年時，有權娶她們全體。

(9)阿拉巴荷人 'Arapahoes，若妻之兄弟不反對時，妻之妹及年時，亦歸于他。妻若無妹，則以較遠之族妹代之。

(10)孟特萊 Monterey 的土人亦有娶所有妻妹的習俗。

(11)美杜人 Maidus 有娶妻妹之權，若不欲行使其權利，他可轉讓與他的兄弟。

(12)克利人 Crees 可以同時娶兩姊妹。若只娶其姊，則姊卒後，有娶其妹之義務。

(13)北提乃人 Northern Tinnehs 同時娶數姊妹並不以爲非禮。

(14)阿拉斯加的加惟耶克人 Kaviaks 的富人常同時娶數妻，她們亦常是姊妹。

(15)加利伯人 Caribs，一人常娶姊妹三人或四人爲婦，她們是他的表姊妹或甥女。他們以爲女子自幼養育在一起者，必更能友愛，必更能互相了解，必能互助，故亦易事其共夫。

(16)歐萊公人 Oregon，夫拉黑德人 Flatheads，乃拜塞人 Nez Percés，斯抛堪人 Spokans，

瓦拉瓦拉人 Walla-wallas，加尤斯人 Cayuse，瓦斯科人 Waskows，皆有同類習俗，即娶長姊者亦有權娶其衆妹。

美洲以外，世界他處亦常有這類習俗。如非洲：

(17)且魯人 Zulus 常同時娶幾個姊妹。

(18)加惟倫都人 Kavirondo 有權娶妻之所有幼妹，俟她們及年之後。除他自動聲明不欲娶外，她們無權另嫁他人。

(19)巴沙加人 Basaga 的習俗，女子誘其妹來居其夫家，與她同住，遂亦成其夫之妻。

(20)巴厄歐羅人 Banyoro 不禁止同時娶姊妹數人。若妻不生育，夫有權求娶其姨。

(21)馬達加斯加 Madagasca 的習俗，同時娶妻妹。

印度：

(22)馬德拉斯 Madras 的叟拉人 Sooras 常娶妻妹，姊妹同居直至生育爲止，然後別居。

(23)阿敍 Assam 的加羅人 Garos 行多妻制，一人能娶兩姊妹，但他必須先娶姊，方能娶妹。

澳洲：

(24)坤斯蘭 Queensland 的人可同時娶兩或數姊妹。

(25)薩摩亞人 Samoa 舊俗，女子使其妹與她同居。

(26)摩特勞克人 Mortlock 同時可娶幾姊妹，但只有首領能享這特權。

(27)非治人 Fijians 不能在若干姊妹中選擇一人爲妻，他若娶其姊，則同時亦娶其妹。

亞洲：

(28)柬埔寨的維德人 Rodes 娶一家之長女者，有權娶其妻諸妹。她們若適他人，必須先得他的允諾。

(29)堪察加人 Kamtchatkans 可同時娶幾姊妹。

據以上所引，這習俗遍及於美、非、澳、亞四洲，此外未爲民族學家發現者尚不知凡幾。其中如(5)(6)(8)(18)幾處皆有待年的習俗，亦與所謂「叔姬待年於國」之事同。又如(15)條之加利伯人所娶的常是夫的「表姊妹或甥女」，按之典型式的外婚制，兩團既歷世按行輩而互婚嫁，則婦恰是夫的表姊妹（姑舅之子女），而甥女恰是表姊妹的姪女，這豈不與中國的姪娣更相合麽？並且加利伯人更說：「女子自幼養育在一起者，愛必能更深，互相了解必能更易，必能互助，因此亦易事其共夫。」這豈不是釋例所謂「參骨肉至親所以息陰訟」的確切註疏麼？

現對於娣媵制之陳述既明，對他與姊妹共夫制亦已加以比較，試再窮其原由。初民社會較古曾實行外婚制，並同時行羣婚，前面已經說明。彼時不只姊妹共夫（多數的夫），而且兄弟共妻（多數的妻）。後來社會環境變化，由漁獵而農業，由游牧而定居，社會亦隨之而發生變化，即政權由公共而個人化，團員亦由平等而等差化，於是父權成立，兄弟之間亦由平等共產而變爲長子集權制。不只弟兄所共有的財產皆改屬於他一人，即由羣婚制弟兄共娶之妻亦皆改歸他一人，於是由羣婚制而變爲姊妹共夫制。以前姊妹若干人共嫁兄弟若干人，現則姊妹若干人只嫁弟兄中之一人——長兄。

但社會的進化是逐漸的，由羣婚變爲個人婚不能一蹴而至，其間不能不有若干調停辦法。譬如有些部落尙保存娶嫂嫂制，即係羣婚制至個人婚制的一種中間階段。雖然兄在時弟對嫂已放棄其夫權，但兄一旦卒後，弟對嫂嫂之夫權重行生效，不只有娶之之權，且有娶之之義務。這制度古時羌人曾實行過，後漢書西羌傳足證。〔傳：兄亡則納嫠嫂。〕羌者姜姓之別，則姜姓亦未嘗不有過這制度。至於娣媵制亦同樣是羣婚變至個人婚制的調停辦法。長兄固將以前弟兄共有的權集於一身，但不能不少示限制，卽不准娶所有一代的女子如以前外婚制所行者，而只許娶其內的若干人（一嫡、一娣、一姪）。若是則其餘的女弟尙可嫁其餘的弟兄。

這亦如政權集中所循的曲線。以前弟兄共權，後則長兄集權，然長兄勢不能不少分其政權與諸弟。如周人已進至長子集權階段，長子立爲天子，但仍立餘子爲諸侯或任周室的卿士。長子所享政權雖較餘子爲多爲高，然尙非總攬一切而不少分與餘子。（參閱中國古代的圖騰制度及政權的逐漸集中下篇）娣媵亦若此，長兄所娶雖較諸弟爲衆，然尙不能盡娶妻之所有妹而不少留與諸弟。

上引(11)美杜人所規甚爲明顯，夫有娶妻妹之權，若不欲行使其權，可轉讓與他的兄弟，轉讓與其兄弟而不與他人，卽因以前對妻妹之權爲兄弟所共有，故只能仍還諸其兄弟也。

公羊傳謂「諸侯不再娶」，釋例亦謂「夫人薨不再聘，必以姪娣媵繼室。」其說皆甚合於理。所以載已卒後，孟穆伯不以聲已繼室，而另聘於莒，莒人就以聲已辭，不允史聘。而左傳首亦載魯惠公的婚事說他的元妃孟子卒後，繼室以聲子（她的娣或姪，不詳）；但後宋仲子生而有文在手曰：爲魯夫人，故仲子歸於我。照常理孟子卒後只能以聲子繼室而不能另聘於宋，只因仲子生來就「爲魯夫人」，故變例而亦歸於魯，否則宋亦必以聲子辭了。這皆由於對姊妹共夫的限制，若能更聘則仍可娶妻之所有姊妹，而娣媵制亦失其初意了。

至於媵，我說過這不過娣之擴充。初民所謂姊妹並不只指同父姊妹，父視己之女與兄弟之女既同，則同父姊妹與伯叔姊妹或更遠之族姊妹互視亦相同，可以說團內同行輩的女子皆互視若姊妹。所以較古共夫之姊妹不只包括同父姊妹，且包括至同族姊妹。則所謂娣，最初不必係同父之女弟，且或係同族之女弟。及周室大事封建，兄弟之後分侯諸國，當時同姓諸國之女雖似疏遠，然若以初民眼光觀之，彼等仍係同族姊妹而仍可適用羣婚者。衛晉之媵魯卽係由於此。所以媵仍係娣之擴充，兩者可視爲一種也。

初民極重視行輩，最初同姓國之充媵者想必亦須同昭穆，但後來不一定必須也。據初民之重行輩看起，姪似極違反這原則者，然他竟曾有過，蓋有其他原因在。

我以爲這是下文所謂烝與報的反面，所以留待下文再爲討論。

二　多姓多妻制

周時婚姻上另有一種制度，即多姓多妻制。娣媵已經是多妻，但這節所側重者尚非此，娣媵是同姓的多妻，而現所欲討論者則諸妻的不屬於一姓，而爲多姓多妻制。古代記載內尚能看見極清晰的多姓多妻的記載，如上文所引的左傳，「齊桓公之夫人三，王姬徐嬴蔡姬皆無子。」齊桓有多姓的夫人（姬、嬴）。又左傳文公十四年：

邾文公元妃齊姜生定公，二妃晉姬生捷菑。

文公十八年：

文公二妃，敬嬴生宣公。

出姜於文公四年歸於魯，則文公有二妃：元妃出姜，二妃敬嬴。又昭公八年：

陳哀公元妃鄭姬生悼太子偃師，二妃生公子留，下妃生公子勝。

凡此皆同稱夫人或妃，地位相等，非如嫡之與媵；姓則不同，亦非如嫡之與娣媵。此外一人而娶數女，此數女又非一姓，則古代記載內其例甚夥，如晉文公至少有九人（1文嬴、2偪姞、3季隗、4杜祁、……9懷嬴，見僖公二十三年及文公六年左傳）；晉獻公至少有六人（賈、齊姜、狐姬、戎子、驪姬。不數驪姬之娣。見莊公廿八年），因記載內未言元妃次妃，不能確知其等差地位，故不徵引。但周時邦君之多妻則係事實。

多姓多妻制在現代初民社會中亦常有之，玆舉幾個例若後。

特勞布萊因（Trobriands）是美拉尼西亞的羣島之一，土人的姓是母系的，但首領之位則由兄以傳弟或由父以傳子。婚姻是外婚的。平民一妻而首領多妻。首領所轄常有幾個或十餘個支團，他從所管轄下的各支團各娶一女。這婚姻是永久的，假設所娶之女卒，則女的支團須另納一女與首領以補其闕，（馬里歐斯基 Malinowski 著美拉尼西亞西北部土人的性生活Sexual life of Savages in North-Western Melanesia 一一二頁）有時不再納女與首領而納女與首領之繼承人（子或弟，一一四頁）；一位首領故後，所遺之諸妻皆歸繼立者。（一一四頁）首領的妻約分為三類：（1）受自前首領者，年紀多較現首領為長，有時她們亦甚有地位。譬如杜盧瓦 To'luwa 有位夫人，係受自其兄者，被尊視為諸妻之首（元妃）。（2）首領自娶的夫人。（3）補闕的年少夫人（一一五等頁）。

非洲的瓦黑黑人 Wahehe 是父系社會，亦行多妻制。一人死後其妻皆歸其子，無子則歸其弟。但不得烝其生母或其生母的姊妹。嫡妻須歸其同母弟，無則歸其同父弟。（圖騰制度與外婚制第二册四〇五頁）

這兩條是極有趣的，尤以特勞布萊因者能說明中國古代的相類現象。特勞布萊因共分爲若干部落，各有其領域，各有其首領。同時有若干圖騰團，每團有若干支團。在一個部落的領域內，有或多或少的不同圖騰的支團生存着。這一區的支團皆歸這部落的首領管轄，於是這首領山區的每一個支團內娶一女爲妻。這裏所謂部落等於中國的邦，支團等於邦中不同姓的各世族。邦君於各姓世族內各娶一女，這不卽曲禮所謂「納女於天子曰備百姓」麼？（百姓者，域內諸姓皆備之意，極言其備，非必百族姓也。）至於維持永遠備百姓的方法，特勞布萊因與中國略有不同，特勞布萊因用補闕辦法，而中國則用娣媵。然兩者的原則相同，皆所謂「諸侯不再娶」。至於改歸後任首領則與烝與報相類，當留待下節討論。

這制度的來源當由於君權的集中。考部落之組織，最初由於兩團，而其相互關係尤側重於婚姻。當時所用的方式是羣婚的外婚制。後來團人增衆，交通的工具亦增多而更便利，各團間的交際亦更頻，於是兩團不能閉關自封，不能不與更多的團發生關聯，部落內的團遂由昔者之兩而增至較多。但團間須時常維繫其相互關係，而相互關係既以婚姻爲最重，則各團間須常維繫其婚姻關係亦如以前兩團間常維繫者。所以這時的婚姻變成多角的。以前只兩團互通婚姻，這團的男子只能娶彼團的女子，彼團的男子亦只能娶這團的女子，現則一團的男子亦能娶部落其他任何團的女子。但這時另有一種現象卽君權的集中。最初的團內部係平等共產的，外部亦係互不干涉各有地域的。較後團內既有父權出現，團與團間亦有君權出現。部落首領亦常是各團的首領中之一個。各團不再是互不干涉的，因各種原因，部落內的某一團特別有力量，於是這團遂駕其他各團而上之。玆稱這團爲君團，君團的首領遂變成部落的君。各團間若欲互維繫其婚姻關係，他們欲與這個君團的維繫尤甚。君團的首領亦卽君團之父，在這團內君父是一體的。但因爲團內的等差化，父權出現，這位君團之父已將其弟兄共有權集中於一身，以前弟兄共有之婦亦已歸他一人；及各團間亦等差化，君權出現，各團對君團的婚姻關係亦遂集中於君之一身，所以君的婚姻變爲多姓多妻制。總起來說，娣媵制由於團內父權的集中，多姓多妻制由於團間君權的集中。

雖不能說婚姻是政治的，但其影響於政治經濟皆甚大，試想在兩團團結成部落以後而政權漸集中之時，鄰居各團或和平的加入，或因被迫而加入，欲與君團發生互換，遂嫁女於君團，尤欲嫁女於君團之長亦卽部落之君。婚姻能增加各團的團結，這對於部落的政治經濟皆甚重要。降至周代，尙能看出這類現象。譬如商爲周所滅，宋降爲周王下的一邦，而姬子之間婚姻卻變成頻數。魯之孝惠皆娶於商（左傳哀公廿四年）；魯伯姬適宋公（左傳成公九年）；宋襄公娶王姬（左傳文公八年）；此類甚多。

三　烝與報

東周時婚姻上尙另有一種特殊現象，卽子之納庶母是也。見於左傳者共計五處，玆列之於後。

（1）衛宣公烝于夷姜，生急子，屬諸右公子。爲之娶于齊而美，公取之，生壽及朔，屬壽于左公子。夷姜縊。宣姜與公子朔構急子。公使諸齊，使盜待諸莘，將殺之。壽子告之，使行。不可，曰：「棄父之命，惡用子矣！有無父之國則可也。」及行，飲以酒，壽子載其旌

以先，盜殺之。急子至曰：「我之求也，此何罪？請殺我乎！」又殺之。杜注：夷姜宣公之庶母也。（桓公十六年）

(2)晉獻公娶于賈，無子。烝于齊姜，生秦穆夫人及太子申生。又娶二女于戎，大戎狐姬生重耳，小戎子生夷吾。晉伐驪戎，驪戎男女以驪姬，歸生奚齊，其娣生卓子。杜注：齊姜武公妾。（莊公二十八年）

(3)初，惠公之卽位也，少，齊人使昭伯烝于宣姜。不可，强之。生齊子，戴公，文公，宋桓夫人，許穆夫人。（閔公二年）

(4)晉侯（惠公）烝于賈君。杜注：賈君，晉獻公次妃，賈女也。（僖公十五年）

(5)（鄭）文公報鄭子之妃曰陳嬀。（宣公三年）

由以上諸節，吾人能看出以下各種情形。卽這是納庶母，納後與其他夫人的地位相同，並非私通。彼時亦有私通的情事，若衛公子朝之於襄公夫人，但這類左傳皆稱爲通，而以上五項則稱爲烝或報，兩者名稱完全不同。若是而納的夫人所生之子與嫡夫人所生之子地位相同。可以作太子。晉獻公立申生爲太子，春秋載「晉殺其世子申生」，以及上列左傳所記甚明。衛宣公屬急子於右公子，想必有立爲太子之意，且史記衛世家亦謂「立以爲太子」。且驪姬爲謀立其子，須進讒用計方能傾申生；宣姜及朔須構急子方能代其位，皆足徵他們的太子地位之合法，且高出庶子之上。且衞人晉人對此皆未聞非禮之言，晉大夫且擁護申生於死後。若以後世眼光觀之，宣姜係衞侯所娶之夫人，驪姬亦驪戎女於晉侯者，繼位之權，其子當較烝父妾而生者高，廢申生急子而立他子，當毫無問題也。然古時與此相反。不止其國人不反對，其母家反甚贊成；昭伯不欲，齊人且強之矣。凡此諸端皆深資吾人之惑。〔毛詩序謂牆有茨爲刺公子頑，鶉之奔奔爲刺宣姜，係漢儒之言，未可確信。〕

再細觀衞宣公一條。夷姜者，衞莊公之妾也。據史記十二諸侯年表，周平王三十七年衞莊公卒，桓公立；桓公立十六年，州吁弒公自立；次年，衞人殺州吁，立宣公。宣公十八年，太子伋弟壽爭死。史記列太子伋之死於宣公十八年，年表及衞世家同。左傳載於魯莊公十六年，等於衞惠公四年，蓋因衞侯之出奔而追記者。年表確否雖無他證，其事至晚當在宣公十八九年，似無疑問，因宣公卒於十九年也。急子已屆能娶婦之年，至少當已年十五六歲，再加上宣公自娶宣姜而生二子，一子能勸急子行，能與爭死；一子能構急子於宣公，似皆非十歲以下小兒所能爲。凡此皆非宣公之十八年所能容，故急子之生必不在宣公年間，則宣公之烝夷姜必在莊公卒後，桓公在位之時也。試位其事於莊公卒後，則宣公初年，急子年已十四五歲，當然可以將娶婦；而宣公納宣姜後。至宣公十八年，壽朔亦皆能在十四五左右矣，故能爭死或進讒。若此假設，各方皆合。觀此則宣公之烝夷姜，確在桓公之世，等於昭伯之烝宣姜亦在惠公卽位之年，若左傳所明載者。由是吾人又能測知烝父妾並不必俟爲君後方有特權。

左傳對此所記雖只五條，但皆因有特種理由，如晉之二條皆因驪姬之亂；衛宣公一條則由於殺急子；昭伯一條則因衛懿公爲狄所殺，文公之得國；鄭一條則爲說明穆公之所以立。苟晉無驪姬之亂，衛無急子之殺與狄之禍，鄭無文公諸子死而穆公立之事，則這五件烝報事亦與其他相類事同，不至載上歷史。反之，其烝報而無政治的影響者恐且不知幾倍於這五條，亦因其無政治影響變成平凡的事，遂未有機會載入歷史，以至湮沒無聞，則這現象當時想亦非不甚普遍者也。（連尹襄老之死，黑肩烝夏姬，亦足證此俗不只行於邦君，且下及大夫也。）

若一讀對有些初民的記載，這些聳人疑惑的情節就皆能闡明，毫無足異了。

斯賓塞（Spencer）在其所著澳洲北部的土人部落（Native Tribes of the Northern

Territory of Australia) 內記有下列諸事。這是對這類研究之最重要者，茲節譯如後。（頁四七至五二）

這部落曰加加都 Kakadu，斯賓塞書中列有土人一家的世系表，原表皆用人名，既長且冗，茲為便利起見，改用拉丁字母，但閱者勿因此而疑為理想的表，其實表後皆有真人存在，非嚮壁虛造者比。

表內以第一字母表示行輩，如 AA, AB, AC 皆屬第一代，BA, BB, BC 等皆屬第二代是。第二字母表示其人的地位，由 A 至 N 表示這族內所生的男子或女子，女子則加女字以別之，如 A, A, BA, CA 及 CB 女是；N 以後則表示所娶的婦人，如 AN 為 AC 之妻，BN 為 BA 之妻是。婦之行輩以初嫁者為定，若 AN 初嫁 AC，雖其後轉適 BB 及 CA，仍稱為 AN。BR 亦然。單字之 K 則表示異姓，CB 女所嫁之夫也。而 KDA，

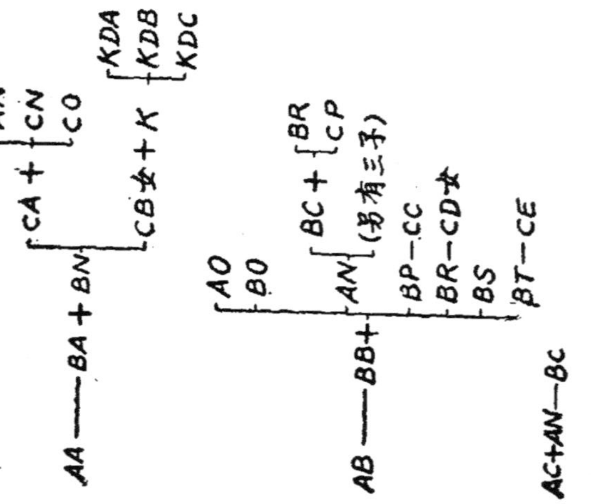

KDB，KDC則表示CB女嫁K所生之子，其姓則K，其行輩則D也。加號表示嫁娶，如BA+BN卽BA娶BN，CB女+K卽CB女嫁K也。

AA與AB爲同父弟兄，AC則係族兄弟。AC有妻曰AN，生子曰BC。

AB有子曰BB，他娶妻七人。其中二人，AO及AN，皆曾爲其父輩之妻，後更歸於BB者。AN卽AC之妻AN也。

AA有子曰BA，亦娶妻數人。其中之一曰BN，生子CA及女CB。方BB卒後，BR的舅父令她轉嫁BC，她卽遵辦；AN的舅父令她轉嫁CA，她亦遵辦。BC，CA前皆已有婦，其婚姻係由妻之父作主選擇者，但丈夫卒後，妻之轉適其子輩（子或姪），則由妻之舅父作主。

CA爲CE之兄，CA之子在將來將承受其叔父CE的諸妻之一。轉嫁子輩的主權掌在婦人的舅父之手。譬如BR對著者說：她嫁BB時是遵父諭，嫁BC時係遵舅父諭也。她較BB甚年幼，亦不甚較BC年老。

因爲這些，遂使吾人深感加加都人稱謂之複雜而難於索解，但土人則不然，彼等皆能舉諸人之相互稱謂，有條而不紊。如BR稱AO及AN曰姑，因爲她們皆係上一代的

妻；稱BO，BP曰姊，稱BS，BT曰妹。〔按AO及AN皆爲BR夫父卽其舅之妻，稱曰姑甚確當也。〕

又妻之轉歸於子輩，係在夫生前已約定者，所以在夫生前，妻亦稱將來所歸之子曰夫，但對其餘諸子則仍稱曰子。譬如BC在BB在世時，稱AO,BO,AN,BP,BS,BT皆曰母，唯稱BR曰妻，而BR稱BB,BC皆曰夫。

除這制度以外，尚有轉嫁夫弟的習俗。須轉嫁夫弟，而不得轉嫁夫兄。譬如表中之K，他娶CB女爲妻，方K之卒，K之弟恰遠出，CB女遂適K兄，但後K弟歸來，其第一事卽由其兄處索還CB女。又如BC有妻曰CP，現已約明，俟BC卒後，她卽轉嫁CE，CE者BC之弟也。

亦有時不歸夫弟或夫之子輩而歸夫之外甥者。這習俗可以CA爲例。CA無子，其衆婦之一曰CO，俟CA卒後，將歸其外甥KDA；若KDA於CA前卒，則歸其弟KDC，KDA及KDC皆CA的姊妹CB女之子，於CA爲甥也。

觀加加都人的習俗，烝報是公開且合法的舉動，而轉適子輩須聽其舅，尤能說明昭伯不欲，齊人何以強之，蓋此事並不由男方而須聽女家之意也。

烝報係較娶嫠嫂更進的習俗。上文已說過娶嫠嫂制是兄弟共婦制的演進。方政權集中之時，家族內發生的現象之一卽子與弟的爭權，最初弟兄共權的時候，產業以及妻皆爲弟兄所共有。後政權既集中於長兄一身，生前固無問題，但俟長兄卒後，將傳弟乎？傳子乎？君位上我們曾看見商人之由傳弟而傳子，（請參閱中國古代的圖騰制度及政權的逐漸集中下篇）以前弟所享之各種權利，現皆有改歸子之趨向，烝報亦其一也。娶嫠嫂則其權歸弟，烝報則其權歸子，然兩者固無異也。

娣是將兄弟的婚姻權，至少一部分的婚姻權，集中於長兄之身，而相成的有娶嫠嫂；這等於將兄弟的政權集中於長兄之身，而相成的有傳位於弟。同樣父所有的政權亦恰是將來子所當有者，長兄不只集中兄弟的政權，且集中了長兄之子的將來政權。與集中兄弟的婚姻權相似，他亦集中了子的婚姻權，這卽姪從媵的由來。在行外婚制時，兩團團員既按行輩而歷世互婚，子所娶婦恰是父所娶婦之姪。父既集子權，所以姪亦從姑嫁。父權父位既於父卒後傳子，婚姻權亦還於子，這卽烝報的由來。所以在上文說姪從嫁是烝報的反面。特勞布萊因人對此尤爲明顯，他的首領所轄下的各支團須各納女一人與他爲妻，有缺則由那一支團納另一女爲補，但有時不再納女與首領而納女與首領的繼承人，因爲首領卒後，其衆妻皆歸其繼承人也。這能說明姪從嫁與烝報的密切。（我屢說集婚姻權於長兄，但娣媵制既行於後，其制亦漸漸擴及於弟。這亦若大宗固集政權，然小宗漸漸變做大宗而亦取得相當的政權。邦君是大宗，大夫是小宗，所以大夫亦行娣媵。明此則長兄之詞不至於以辭害意矣。）

總上而言，這幾個現象皆與外婚的羣婚有關。由於政權的集中，團內的政權（父權）集於長子一身，於是姊妹共夫制變成有限制的姊妹共一夫，卽娣媵制；更由於團間的政權（君權）集於某一團的首領身上，於是發生多姓多妻制。政權的世襲當初曾由兄以傳弟，後更由父以傳子，於是由兄以傳弟時代的娶嫠嫂制變爲父以傳子的時代的烝後母制。又因爲由兄傳弟至父傳子是漸漸演化而成的，有時娶嫠嫂與烝後母常同時並存。更因長兄既能集中各弟兄的權而生娣媵，父亦集中子權而發生姪之從姑並嫁；娣媵係娶嫠嫂的反面，娶姪亦係烝報的反面。茲爲明瞭起見，再列表如左：

- 外婚的羣婚
  - 多姓多妻制
  - 姊妹共夫制
    - 娣媵制
    - 娶妻妹制
  - 弟兄共妻制——娶嫠嫂制
  - ——烝與報

姊妹共夫制專指姊妹共一夫而言，等於弟兄共妻制亦專指兄弟共一妻而言。若姊妹共多夫而弟兄共多妻兩者兼則為羣婚矣。姊妹共夫制及弟兄共妻制皆是羣婚的單面變化。再進一步，娣媵制、娶妻妹制皆是有限度的姊妹共夫：娣媵制只許姊妹中的少數幾個共夫；娶妻妹制只許於妻卒後方娶妻妹而生時不得同時娶。娶嫠嫂制是與娶妻妹制相反而實相成的，他是有限度的弟兄共妻制，於夫卒後妻方能嫁夫弟而不能同時嫁。將娶嫠嫂制兄弟所有的權利移到兒子身上，再與多姓多妻制相混合，於是烝與報發生，而暗中又與姪從嫁互相聯貫。

娣媵制的發生必有待於政權之集中，姊妹共夫制在世界上較弟兄共妻制為多，卽由於社會之由母系而變為父系。等於烝與報亦多行於君權確立以後，與多姓多妻並存。因為只能烝後母及庶母，而未行多姓多妻以前，除母之姊妹外，固無他姓的後母庶母，而母之姊妹在原始社會中既被視作母，亦不得有亂倫也。彼時只能改嫁夫弟，而不能有烝與報。瓦黑黑人對此有不得烝報的限制。尤為明顯。總之。這些皆由最初圖騰團的外婚的羣婚，經過父權集中、君權集中而發生的現象。

民國二十九年二月